: **mairisch** verlag

[mairisch 93]
1. Auflage, 2023
Umschlagabbildung: Line Hoven
Gestaltung: Carolin Rauen | www.carolinrauen.com
Gesetzt aus der Lora
Korrektorat: Annegret Schenkel | www.korrektorat-schenkel.de
Druck: Pustet, Regensburg
ISBN 978-3-948722-24-1
www.mairisch.de

Line Hoven
Jochen Schmidt

Paargespräche

ÜBER DIE ILLUSTRATORIN

Line Hoven ist eine deutsch-amerikanische Illustratorin und Autorin. Ihre Arbeitweise ist – so könnte man sagen – die gefährlichste Art zu zeichnen: Sie kratzt ihre Motive mit einem Messer in Schabkartons. Ihre Graphic Novel *Liebe schaut weg* wurde in mehrere Sprachen übersetzt und u. a. mit dem e.o.plauen Förderpreis ausgezeichnet. 2017 wurde sie mit dem Hans-Meid-Preis für ihre Buchillustrationen geehrt, darunter einige Bücher von Jochen Schmidt, *Duden-brooks* (2011), *Schmythologie* (2013) und der erste Teil der *Paargespräche* (2020). Line Hoven lebt in Hamburg.

ÜBER DEN AUTOR

Jochen Schmidt, 1970 in Berlin geboren, erhielt 2004 den Förderpreis zum Kasseler Literaturpreis für grotesken Humor. Er war Mitbegründer der Berliner Lesebühne »Chaussee der Enthusiasten«. Von ihm erschienen u. a. die Romane *Schneckenmühle* (2013) und *Zuckersand* (2017). Sein letzter Roman *Phlox* (2022) stand auf der Longlist des Deutschen Buchpreises.

Jeanne-Claude & Christo

Christo Du hast dich gar nicht richtig über die bulgarische Pfauenaugen-Keramik gefreut, die ich dir zu Weihnachten geschenkt habe.

Jeanne-Claude Weil du sie mal wieder nicht verpackt hattest.

Christo Wenn du Käse kaufst, freust du dich doch auch nicht über die Verpackung, im Gegenteil, da schimpfst du über den Plastikmüll.

Jeanne-Claude Ihr Männer seid einfach zu faul, eure Geschenke zu verpacken.

Christo Ich glaube, den Vorwurf, daß ich zu faul zum Verpacken wäre, muß ich mir nicht machen lassen.

Jeanne-Claude Na eben, den Reichstag verpackst du, aber meine Pfauenaugen-Keramik nicht.

Christo Ich hab einfach immer kein schönes Einwickelpapier zur Hand.

Jeanne-Claude Ich kann dir ja welches schenken.

Christo Dann wäre es mir aber zu schade zum Benutzen.

Jeanne-Claude Dann schenke ich dir eben besonders häßliches.

Christo Einverstanden, aber nur, wenn du es besonders schön verpackst.

Maid Marian & Robin Hood

Marian Gwyn kommt in den Waldkindergarten!

Robin Wir können froh sein, wenn wir überhaupt irgendwo einen Platz kriegen.

Marian Kinder brauchen Natur.

Robin Hundescheiße und Schnupfen sind auch Natur.

Marian Heutige Kinder leiden an Ökophobie, weil sie Angst um den Regenwald haben, aber noch nie im Wald spaziert sind.

Robin Darf Gwyn dann auch mit Pfeil und Bogen auf Eichhörnchen schießen?

Marian In der Stadt dürfte sie nicht mal einen Baum hochklettern, damit kein Ast abbricht.

Robin Ich hab mein halbes Leben im Wald verbracht, Städte bieten mehr berufliche Perspektiven.

Marian Auf Spielplätzen definieren Kinder ihre Hierarchie über körperliche Stärke, in der Natur eher über sprachliche Fertigkeiten und Kreativität.

Robin Unsere Demokratie lebt von urbanem Bewußtsein.

Marian Ich finde, du bist zu alt dafür, mit einem Hoodie rumzulaufen.

Robin Das ist eine Gugel.

Marian Eine Google? Ich wette, du trägst die nur, weil sie so heißt.

Ginger Rogers & Fred Astaire

Fred Ich geh nicht zum Seniorentanz!

Ginger Die freuen sich immer über Nachwuchs.

Fred Ich hab Arthrose in beiden Knien.

Ginger Das hindert dich nicht daran, jeden Donnerstag Fußball zu spielen.

Fred Eben, und davon muß ich mich eine Woche erholen.

Ginger Wir können auch beim Sitztanz einsteigen, dabei schwingt man Chiffontücher, die so schön in der Luft schweben.

Fred Ich hab abends keine Zeit, da muß ich vor dem Fernseher schlafen.

Ginger Deshalb ist Seniorentanz ja vormittags.

Fred Die kennen sich bestimmt alle.

Ginger Aber viele erinnern sich nicht dran.

Fred Wahrscheinlich wäre ich der einzige Mann.

Ginger Geschlecht ist nur eine soziale Konstruktion, gerade beim Tanz.

Fred Weil du nicht aufhören konntest mit Steppen, sind wir aus der Wohnung geflogen und mußten ins Parterre ziehen, wo es immer fußkalt ist.

Ginger Dafür brauchen wir keinen Treppenlift.

Fred Gerade auf den hatte ich mich immer gefreut!

Ginger Wenn du zu »Schwoof gegen Doof« mitkommst, schenk ich dir einen.

Moneypenny & James Bond

Moneypenny Hast du eigentlich für den Brexit gestimmt?

James Ich hab keine Zeit für Politik, ich muß schließlich die Welt retten.

Moneypenny Großbritannien gehört auch zur Welt.

James Bei der Abstimmung war ich auf dem Mond.

Moneypenny Und bei den Wahlen?

James Am Meeresboden.

Moneypenny Du arbeitest zuviel.

James Ich kann eben sonst nichts.

Moneypenny Man muß ja nicht immer gleich die Welt retten, man kann auch kleinere Brötchen backen.

James Soll ich für die EU-Kommission gegen CO_2-Emissionen kämpfen?

Moneypenny Vielleicht erfordert es von einem Mann mehr Mut, Verantwortung für seine Familie zu übernehmen und an der Beziehung zu seinen Kindern zu arbeiten, als Verbrechern hinterherzujagen.

James Ich fühl mich zu alt für Kinder und zu jung zum Heiraten.

Moneypenny Die Chefin will dich übrigens sprechen, es geht um irgendwelche Atombomben.

James Siehst du! Und da soll ich Elternzeit nehmen...

Charybdis & Skylla

Skylla Es macht mich nervös, daß du so intensiv die russischen Verben der *Fortbewegung* lernst. Willst du mich verlassen?

Charybdis Wir machen doch längst unser eigenes Ding.

Skylla Ich habe eher das Gefühl, daß wir kaum noch als eigenständige Persönlichkeiten wahrgenommen werden.

Charybdis Wenn zwei heiraten, die den gleichen Nachnamen haben, wem gehört dann eigentlich der gemeinsame Nachname?

Skylla Mein Vater überlegt, ob er zum 70. meiner Mutter die Rede vom 60. überarbeitet, weil die doch so gut angekommen sei. Ist das nun unromantisch oder schon wieder romantisch?

Charybdis Ich glaube, beides.

Skylla Neulich fiel mir auf, wie der Titel von *Die Braut, die sich nicht traut* gemeint ist. Da mußte ich lächeln.

Charybdis Das ging mir so mit *Pullover* und *Pullunder*.

Skylla Schade, daß wir kein Geld fürs Kino haben.

Charybdis Du kannst mich ja stattdessen meine Verben abfragen.

Yoko Ono & John Lennon

Yoko Man soll Teelichter nicht zu Figuren aufstellen, weil sie so dicht nebeneinander explodieren können.

John Tatsächlich?

Yoko Hörst du mir überhaupt zu?

John Ich glaube schon.

Yoko Und was habe ich gerade gesagt?

John Das liegt zu kurz zurück, um mich zu erinnern.

Yoko Du könntest dich nicht mal erinnern, wenn du mir zugehört hättest.

John Bei langjährigen Partnerschaften filtert das Gehirn der Partner ihre Stimmfrequenz.

Yoko Deshalb bemühe ich mich ja, mich immer wieder in überraschenden Frequenzen an dich zu wenden.

John Warum stellst du denn jetzt den Wecker, ich denke, wir machen Mittagsschlaf?

Yoko Weil ich nicht zu spät zum Achtsamkeitskurs kommen will.

John Die Stones stellen sich bestimmt nie einen Wecker.

Yoko Nein, die nehmen Aufputschmittel.

John Ich kann nicht einschlafen, wenn ich weiß, daß demnächst der Wecker klingelt, das hat so etwas Schicksalhaftes.

Yoko Ich kann ja als Weckton meine Stimme einstellen, dann hörst du es nicht.

Uschi Obermaier & Mick Jagger

Uschi Jeden Morgen Kaviar zum Frühstück, ist das nicht ungesund?

Mick Mich nicht zu schonen ist mein Beruf.

Uschi Kommst du nachher mit zu den Maoisten?

Mick Ich kann nicht, ich muß noch einen besseren Reim auf »hey hey hey« finden.

Uschi Welchen hast du denn bis jetzt?

Mick »that's what I say« ...

Uschi Klingt doch nicht schlecht vom Rhythmus her.

Mick Aber vielleicht würden die Beatles mich auslachen?

Uschi Die nehmen ja auch LSD, da ist Reimen keine Kunst.

Mick Das ist so unbefriedigend, als Genie so lange grübeln zu müssen.

Uschi Mist, ich hab mein Heroindöschen bei Keith vergessen.

Mick Wo bleibt der überhaupt? Allein hab ich irgendwie keine Ideen.

Uschi Und was ist mit mir?

Mick Das ist was anderes, uns verbindet keine produktive Haßliebe.

Uschi Hoffentlich findest du bald deinen Reim, wenn du arbeitest, bist du richtig langweilig.

Mick Ach was, ich nehm einfach »that's what I say«, besser als gar kein Reim.

Uschi Schreib's dir lieber gleich auf, sonst vergißt du's hinterher wieder.

Terence Hill & Bud Spencer

Bud Wenn du so schmatzt, vergeht mir der Appetit.

Terence Mein Erleben ist, daß wir beide geschmatzt haben.

Bud Aber du viel lauter.

Terence Dann lausch doch deiner inneren Wirklichkeit.

Bud Deine gewaltfreie Kommunikation macht mich aggressiv.

Terence Ich frage mich, welches Bedürfnis sich hinter deinem Ärger verbirgt.

Bud Das Bedürfnis, dir eine reinzuhauen.

Terence Es ist leichter, wütend zu sein als traurig.

Bud Hör einfach auf zu schmatzen.

Terence Ich möchte dein Vertrauen nähren, daß mitfühlendes Verstehen in solchen Situationen die bessere Strategie ist: Dein Essen schmeckt mir offenbar.

Bud Wieso »mein Essen«? Wir essen jeden Tag Bohnenpfanne.

Terence Man kann recht haben oder glücklich sein. Ich bin nicht verantwortlich für deine Gefühle.

Pferd Darf ich mich mal einmischen? Wenn wir nicht bald losreiten, kommen wir in den Stau.

Bud Nur, weil ich nicht so schlinge wie du, muß ich immer abwaschen.

Terence Ich lade dich ein, dein Bedürfnis, von mir gesehen zu werden, nicht als Vorwurf zu formulieren.

Bud Ich brauch dringend eine Prügelei.

Romina Power & Al Bano

Al Bano Felicità, das ist, wenn du einfach so meine Zahnbürste gegen eine neue ausgetauscht hast.

Romina Felicità, das ist, wenn du mir aus der Nachtdienst-Apotheke Ibuprofen besorgst.

Al Bano Felicità, das ist, wenn du mir den Rand von deiner Pizza übrigläßt.

Romina Felicità, das ist, wenn ich dir nachts auf dem Weg zum Klo begegne, weil du gerade von dort kommst.

Al Bano Felicità, das ist, wenn ich dich beim Duschen falsch singen höre.

Romina Felicità, das ist, wenn ich einen Abend lang nichts sagen muß, und du bist nicht beleidigt deswegen.

Al Bano Felicità, das ist, wenn ich in meiner Winterjacke einen Einkaufszettel finde, den du mir im letzten Jahr geschrieben hast.

Romina Felicità, das ist, wenn wir uns beim Fernsehen eine Erdnuß aus der Sofaritze teilen.

Al Bano Felicità, das ist, wenn ich schon im Januar ein Weihnachtsgeschenk für dich finde.

Romina Felicità, das ist ein Ohrwurm, der nie enden wird.

Beide Felicità ... Felicità ... Felicità!

Engels & Marx

Engels Wird es im Kommunismus noch Haarausfall geben?

Marx Nach meinen Berechnungen nicht.

Engels Und Cellulite?

Marx Ja, aber im Zuge der Gleichberechtigung auch bei Männern.

Engels Warum erwähnst du das dann nicht im *Manifest*?

Marx Ich wollte nicht zu sehr auf die Pauke hauen, sonst wird man schnell unglaubwürdig.

Engels Hättest du gedacht, daß Gesichtsbehaarung noch mal modern wird?

Marx Das hat hoffentlich nichts mit uns zu tun.

Engels Die Hipster glauben wahrscheinlich, daß ein Vollbart gegen Vogelgrippe, Feinstaub und Mikroplastik hilft.

Marx Ich weiß nicht, wie man freiwillig Vollbart tragen kann.

Engels Wieso hast du dann einen?

Marx Weil ich sonst komisch aussehen würde neben dir.

Engels Und ich habe meinen wegen dir!

Marx Tatsächlich? Dann könnten wir uns ja auch rasieren.

Engels Das ist jetzt aber unser Markenzeichen, wie der Iro von Sascha Lobo.

Marx Wir sind doch Menschen und keine Ware!

Engels Genau die Einstellung macht uns für den Markt so interessant.

Baktus & Karius

Baktus Wenn man freiliegende Zahnhälse hat, soll man nur Zahnbürsten mit weichen Borsten benutzen.

Karius Ich kann keine weichen Borsten kaufen, das kommt mir unmännlich vor.

Baktus Es ist höchstens unmännlich, das zu denken.

Karius Wozu gibt es denn harte Borsten, wenn sie ungesund sind?

Baktus Weil sie die Plaque besser entfernen, aber man darf mit seinen Gedanken beim Putzen nicht abschweifen.

Karius Ich steh beim Zähneputzen immer auf einem Bein, um meine Koordination zu schulen, und stell mir dabei vor, ein Ninja zu sein.

Baktus Du bist aber immer vor mir fertig.

Karius Nur weil du extra lange putzt.

Baktus Dafür hatte ich noch nie ein Loch.

Karius Du würdest nie vor mir aufhören zu putzen, so gemein bist du.

Steffi Graf & Andre Agassi

Andre Wenn ich nicht Tennisprofi geworden wäre, könnte ich mich jetzt noch schmerzfrei bücken.

Steffi Und ich müßte nicht in Las Vegas leben.

Andre Dann hätten wir uns aber nie kennengelernt.

Steffi Ich hätte in Brühl eine Ausbildung zur Verwaltungsfachangestellten gemacht.

Andre Und ich wäre Bademeister geworden.

Steffi Ich hätte Wohngeldanträge bearbeitet.

Andre Und ich hätte für einen Ferientrip nach Paris gespart.

Steffi Da hätte ich auch immer hingewollt.

Andre Ich hätte nämlich den Eiffelturm sehen wollen.

Steffi So ein Zufall, ich auch!

Andre Dann wären wir uns vielleicht dort oben begegnet.

Steffi Ich hätte dich gebeten, mit meiner Kamera ein Foto von mir zu machen.

Andre Wir hätten uns verliebt und geheiratet.

Steffi Auch ohne den ganzen Tenniszirkus.

Andre Dann könnte ich mich beim Tischtennis auch noch nach dem Ball bücken.

Steffi Ich schenk dir eine extra lange Grillzange.

Werner Herzog & Klaus Kinski

Klaus Ich hab das Gefühl, hier kann mich keiner leiden.

Werner Hauptsache, Sie werden Dschungelkönig, wir brauchen das Geld für unser neues Filmprojekt.

Klaus Wer sind die überhaupt alle?

Werner Lothar Matthäus, Rolf Eden, Katarina Witt und Gerhard Schröder.

Klaus Nie gehört. Das sind doch alles Idioten!

Werner Da müssen wir durch, es geht um unseren Film.

Klaus Sie sind ja wahnsinnig!

Werner Ich weiß. Wir drehen eine Serie über einen amerikanischen Internet-Milliardär, der eine Expedition zur Rückseite des Mondes macht, um dort das Bernsteinzimmer zu suchen.

Klaus Und wen soll ich da spielen?

Werner Es gibt nur eine Rolle, den Milliardär.

Klaus Muß ich dafür Text lernen?

Werner Nein, wir improvisieren. Allerdings drehen wir in Jakutien, unter Mondbedingungen. Und Sie müssen natürlich noch Dschungelkönig werden, weil wir bis jetzt kein Geld haben.

Klaus Was muß ich dafür machen?

Werner Die Zuschauer überzeugen.

Klaus Das sind doch alles Idioten!

Werner Ich weiß. Der Film wird großartig!

Aschenputtel & Dornröschen

Dornröschen Ich bin schon wieder so müde.

Aschenputtel Ich komme doch auch ohne Mittagsschlaf aus.

Dornröschen Du gehst eben keiner geistig anspruchsvollen Tätigkeit nach.

Aschenputtel Wie bitte? Ich hab ständig den ganzen Haushalt im Kopf!
Und dann auch noch den Garten.

Dornröschen Wir könnten uns ja einen Putzmann leisten.

Aschenputtel Oder du schläfst weniger.

Dornröschen Man kann seinen Körper nicht betrügen.

Aschenputtel Wann darf ich dich diesmal wecken? Wieder erst in 100 Jahren?

Dornröschen Vielleicht habe ich Vitamin-D-Mangel, ich müßte mal einen Bluttest machen.

Aschenputtel Deck lieber den Tisch oder schneid die Hecke.

Dornröschen Keine Zeit, ich muß meinen Lebenslauf für mein Tinder-Profil aufhübschen.

Aschenputtel Deinen Lebenslauf? Du hast doch die meiste Zeit geschlafen.

Dornröschen Aber vielleicht kann man das etwas schmeichelhafter ausdrücken.

Aschenputtel Ich würd mal drüber schlafen.

Günter Netzer & Franz Beckenbauer

Franz »Nenne alle Städte, in denen Deutschland Fußball-Europameister geworden ist.«

Günter Keine Ahnung.

Franz Das weißt du nicht?

Günter Weißt du es denn?

Franz Natürlich.

Günter Warum sagst du es dann nicht?

Franz Ich wollte erst abwarten, ob du es weißt.

Günter Wieso?

Franz Weil es sich so gut anfühlt, mehr zu wissen als du.

Günter Das ist so unsympathisch. Ich spiel nie wieder mit dir Kneipenquiz.

Franz Ich hab extra das Fußball-Spezial besorgt. »Welcher deutsche Nationalspieler hat nach der WM 2014 eine Haartransplantation gemacht?«

Günter Keine Ahnung. Uwe Seeler?

Franz Das weißt du auch nicht?

Günter Du etwa?

Franz Natürlich, Benedikt Höwedes.

Günter So etwas zu wissen hat doch mit Bildung nichts zu tun.

Franz Nein, aber dafür fühlt es sich sogar noch besser an.

Anna Magdalena Bach & Johann Sebastian

Johann Ich hab seit Tagen einen Ohrwurm.

Anna Sing mal vor.

Johann Das ist ein Chor von quäkigen Stimmen, die singen immer: »Lala-lalalala-lala-laláaa...«

Anna Hast du das komponiert?

Johann Bis jetzt nur im Kopf.

Anna Vielleicht solltest du es aufschreiben, um es loszuwerden. Ich mach das immer mit meinen Sorgen und Nöten.

Johann Ich habe so viele unsterbliche Melodien geschrieben, und ausgerechnet das ist jetzt mein Ohrwurm.

Anna Mir gefällt es: »Lala-lalalala-lala-laláaa...«

Johann Hör auf!

Anna Vielleicht könntest du es verkaufen? »Die Kunst der Fuge« ist ja schön und gut, aber wir brauchen Geld.

Johann Nein, die Melodie nehme ich mit ins Grab.

Anna Ich hatte neulich auch einen Ohrwurm: »Hurra! Hurra! Der Kobold mit dem roten Haar! Hurra! Hurra! Der Pumuckl ist da...«

Johann Wußtest du, daß meine Goldberg-Variationen Ängste lösen?

Anna Ja, aber Geld würde *meine* Ängste lösen. Geh zum Kurfürsten und verkauf ihm deinen Ohrwurm.

Johann Wenn ich nur wüßte, wie diese Stimmen in meinen Kopf gekommen sind.

Der Yeti & Reinhold Messner

Reinhold Ich hab dich überall gesucht. Auf den höchsten Gipfeln der Welt.

Yeti Wie wahrscheinlich war es wohl, daß ich dort bin?

Reinhold Alle haben mich für verrückt erklärt.

Yeti Mich hat ja keiner gefragt.

Reinhold Nirgends fühlte ich mich Gott so nah.

Yeti Das liegt an der Höhenluft.

Reinhold Ab 8000 Meter über dem Meeresspiegel beginnt man zu verstehen.

Yeti Ich wollte eigentlich immer lieber in der Stadt leben.

Reinhold Du warst die wichtigste Begegnung meines Lebens.

Yeti Warum scheust du dich dann, dich mit mir zu zeigen?

Reinhold Die Menschen haben schon zuviel zerstört.

Yeti Ich bin doch erwachsen und kann für mich sorgen.

Reinhold Sie würden dich für einen Marketingtrick halten.

Yeti Das ließe sich leicht aufklären.

Reinhold Denk dran, was sie mit King Kong gemacht haben.

Yeti Ich bin aber nicht so furchteinflößend groß.

Reinhold Das entspricht tatsächlich nicht ganz den Erwartungen.

Yeti Glaubst du eigentlich wirklich, daß es uns gibt?

Moritz & Max

Max Die Jugendlichen hängen nur noch am Handy.

Moritz Die schreiben gar keine Briefe mehr.

Max Wir hatten noch Langeweile, das ist gut für die Phantasie.

Moritz Die kriegen ihr Abi hinterhergeworfen.

Max Und wenn man ihnen *einmal* die Meinung sagt, rennen sie zum Psychologen.

Moritz Wer soll von denen denn mal Bundeskanzler werden?

Moritz Oder Bundestrainer?

Max Die können froh sein, wenn die Chinesen sie noch durchfüttern.

Moritz Aber immer das neueste iPhone wollen.

Max Wir haben uns zu Weihnachten über einen Apfel gefreut.

Moritz Und über einen Groschen fürs Kühehüten.

Max Das war damals viel Geld!

Moritz Wir haben gehungert, und die essen kein Fleisch mehr!

Max Zur Schule gehen die nur noch zum Streiken.

Moritz Vor unseren Lehrern hatte man noch Respekt.

Max Zur Not gab's eins hinter die Löffel.

Moritz Und hat es uns geschadet?

Max Wir brauchten kein Internet, um Spaß zu haben.

Moritz Worüber die heute lachen!

Max Das ist nicht mein Humor.

Moritz Was soll nur aus Deutschland werden?

Schiller & Goethe

Schiller Es ärgert mich, daß du in deinen SMS an mich nie die Rechtschreibfehler korrigierst.

Goethe Ich hab es eben eilig, sie abzuschicken.

Schiller Früher hättest du nie »Jugendherrberge« geschrieben.

Goethe Zwischen uns herrscht eine solche Vertrautheit, daß wir es nicht mehr nötig haben, uns Theater vorzuspielen.

Schiller Ich will aber, daß du mir stets deine beste Version von dir vorspielst, aus Angst mich zu verlieren.

Goethe Du würdest mich wegen Rechtschreibfehlern verlassen?

Schiller Ich bin kurz davor zu gehen, weil du Links immer mit einem Doppelklick öffnest.

Goethe Es funktioniert doch.

Schiller Aber ein Klick würde reichen.

Goethe Dafür vergißt du beim Einkaufen immer die Payback-Karte.

Schiller Ich bin eben Künstler. À propos, hast du meinen neuen Gedichtband gelesen?

Goethe Das Paket war von dir? Das muß ich in irgendeiner chinesischen Änderungsschneiderei am anderen Ende der Stadt abholen.

Schiller Die haben es bestimmt schon zurückgeschickt.

Goethe Ich hör sowieso lieber Hörbücher.

Grimes & Elon Musk

Elon Ich muß nur die Destination eingeben, dann fährt unser Auto von selbst die kürzeste Strecke. Oder soll ich es mal die schönste Strecke fahren lassen?

Grimes Die seiner Meinung nach schönste Strecke…

Elon Ich kann mir Strecken von anderen Straßen-Usern empfehlen lassen

Grimes Mir gefallen immer Strecken. auf denen du schläfst und ich mir deinen Tech-Talk nicht anhören muß.

Elon Worüber willst du denn reden?

Grimes Über Gefühle natürlich.

Elon Mach ich doch, ich liebe dieses Auto. Soll ich es fragen, ob es uns coachen würde? Das ist ein neues Feature.

Grimes Ich laß mir doch keine Beziehungstips von einem Auto geben.

Elon Du meinst, Menschen kann man da mehr vertrauen?

Grimes Warum sitzt du eigentlich immer noch links, obwohl das Auto von alleine fährt?

Elon Männer gehen ja auch links von der Frau, obwohl wir nicht mehr unser Schwert ziehen müssen, um sie zu verteidigen.

Grimes Und warum spielt dieser Entertainment-Algorithmus nie meine Musik?

Elon Unser Auto sagt, du sollst aufhören mit mir zu streiten, sonst trennt es sich von uns.

Helene Weigel & Bertolt Brecht

Bertolt Können wir nicht ausnahmsweise mal zwei Folgen gucken?

Helene Nein, ich will lieber noch ein bißchen lesen. Ich schlaf sonst so schlecht ein.

Bertolt Du bist grausam, gerade wo es so spannend ist.

Helene Es gibt fast 4000 Folgen »Sturm der Liebe«, das bleibt noch lange spannend.

Bertolt Willst du denn gar nicht wissen, wie es weitergeht?

Helene Das ist doch alles nur ausgedacht.

Bertolt Aber wie machen die das, daß man immer weitergucken will? Im Theater wären die Zuschauer längst eingeschlafen.

Helene Das liegt an der schlechten Luft im Saal.

Bertolt Vielleicht sollte ich auch eine Serie schreiben?

Helene Du? Worüber denn?

Bertolt Über den Kampf der Proletarier gegen das Kapital.

Helene Die heißen jetzt aber Prekarier.

Bertolt Ich müßte vorher nur studieren, wie die das machen mit der Spannung.

Helene Das sagst du seit Jahren.

Bertolt Weil ich immer nur eine Folge gucken darf. Du bist herzlos und grausam.

Helene Muß denn bei dir immer alles ein Drama sein?

Felice Bauer & Franz Kafka

Felice Warum sagst du mir nicht, was ich von dir hören will?

Franz Warum willst du von mir hören, was ich nicht sagen kann?

Felice Wir könnten glücklich sein.

Franz Ist es nicht schön, das zu denken?

Felice Warum sind wir es dann nicht?

Franz Du mußt wissen, daß ich fletschere.

Felice Ich denke, du müllerst?

Franz Ich kaue jeden Bissen dreißig mal, auch bei Suppe. Deshalb sitze ich lieber abseits, um niemanden zu stören.

Felice Mich würde das nicht stören.

Franz Das sagst du jetzt.

Felice Du kannst von mir aus mit den Fingern essen und dabei Grammophon hören.

Franz Ich würde am liebsten in einem Verlies leben, um mich endlich richtig aufs Schreiben konzentrieren zu können.

Felice Habe ich überhaupt einen Platz in deinem Leben?

Franz Jemand muß mir ja das Essen vor die Kellertür stellen.

Felice Wenn du mich nur lieben würdest, wie ich dich lieben würde, wenn du mich lieben würdest.

Franz Wenn du nur so zu mir passen würdest, wie ich zu dir passen würde

Liesl Karlstadt & Karl Valentin

Karl Warum heißt es eigentlich »Pferd« und nicht »Läufd«?

Liesl Es heißt ja auch »Rentner«, obwohl Rentner nicht rennen.

Karl Sean Penn soll eine neue Gähntechnik haben.

Liesl Ich denke, er feiert Georgien?

Karl Aus Angst vorm Durchfallen bekomme ich immer Durchfall.

Liesl Und ich seh im Meer mehr, als ich im See seh.

Karl In der S-Bahn gibt es nichts zu trinken.

Liesl Außer aus der Teer-Moos-Kanne.

Karl Müßten Impfgegner nicht Maserati fahren?

Liesl Nur in geschlossenen Räumen.

Karl Wissen Sie, was mich rasend macht?

Liesl Ein Wisent?

Karl Daß ich in der Drogerie eine Stunde nach Ihrem Badreiniger suchen mußte.

Liesl Konnten Sie keinen freundlichen Mitarbeiter fragen?

Karl Doch, aber die haben immer »Bartreiniger« verstanden.

Liesl Warum haben Sie dann nicht nach Bartreiniger gefragt? Dann hätte man Ihnen vielleicht Badreiniger gebracht.

Karl Gut, daß Sie keine Wienerin sind und ich kein Berliner!

Liesl Ja, das ist freilich gut. Aber warum?

Karl Weil es sonst heißen würde, ich wollte berlinern, während sie wienern.

Die Jacob Sisters & Die Beach Boys

Sisters Wann ziehen wir endlich zusammen?

Boys Wir sind nun mal beruflich an Kalifornien gebunden.

Sisters Am meisten leiden unter der Trennung die Pudel.

Boys Ohne Beach keine Boys.

Sisters Das sind doch Ausreden.

Boys In München müßten wir umschulen und uns »Bier Boys« nennen.

Sisters Uns fehlt aber der gemeinsame Alltag.

Boys Eine Fernbeziehung hält die Liebe frisch.

Sisters Wir wollen abends mit euch kuscheln.

Boys Warum zieht ihr dann nicht nach Kalifornien?

Sisters Weil die deutsche Sprache unsere Heimat ist. »Adelbert, schenk mir einen Gartenzwerg«, das würde auf Englisch seinen Zauber verlieren. Thomas Mann hat auch nie auf Englisch geschrieben.

Boys Laßt uns später noch mal telefonieren, wir müssen jetzt surfen, sonst sind die Wellen weg.

Sisters Es ist so schwer, immer lachen zu müssen auf der Bühne, wenn man so einsam ist.

Boys Dafür macht eure Kunst die Menschen glücklich.

Sisters Ja, aber unsere Pudel zahlen den Preis dafür.

Together Forever

LINE HOVEN

Mein Leben lang war ich auf der Suche nach *dem Richtigen*, dem Partner fürs Leben.

Schon als Sechsjährige fand ich dafür einen optimalen Kandidaten: *Boomer – der Streuner*. Die Qualitäten des Hundestars aus der gleichnamigen TV-Serie waren aus meiner damaligen Perspektive absolut überzeugend. Keiner konnte sich so gut verstecken, den Kopf so niedlich zur Seite neigen und manchmal sogar Leben retten. Konzept der Serie war, dass der Mischlingshund einem Kind zulief und dessen Probleme in »Anwuff« nahm. Und wenn der Vierbeiner am Ende jeder Folge dann wieder Abschied von seiner neuen Familie nahm und zum nächsten Kind weiterzog, war ich unendlich erleichtert. Denn eines Tages, so hoffte ich inständig, würde er auch vor meiner Tür stehen. Und bei mir würde Boomer vielleicht für immer bleiben wollen.

Mit meinem Realitätsbezug war ich nicht allein. Mein Tischnachbar aus der ersten Klasse ließ jeden Abend sein Fenster offenstehen, weil er mit dem Besuch des kleinen Vampirs Rüdiger rechnete. Ich hingegen hob ab und zu die Hälfte meines Abendbrot-Heißwürstchens auf und versteckte es beim Rhododendron vorm Haus: Würstchen for a future friend.

Mein Bruder fand, dass Boomer eine Flasche sei. Vor allem im Vergleich zu Lassie. Boomer könne nichts, Lassie dafür alles. Noch nicht mal süß fand er meinen wuscheligen Wunsch-Partner. Ähnliches hat er dann auch über meinen ersten Freund gesagt. Auf der Zuschauertribüne der Sporthalle bekam ich während der Bundesjugendspiele meinen ersten Kuss. Mit Walkman-Kopfhörern auf lehnte ich mich zurück, dann geschah es. Wobei ich bis heute nicht weiß, ob es ein Kuss war oder etwas anderes Nasses auf meinem Mund. Ich hatte die Augen ja geschlossen und es blieb bei dem einen Vielleicht-Kuss, danach machte ich Schluss, es wurde mir zu ernst.

Als Jugendliche versuchte ich mich an einem Bund mit Gott und nahm an Kirchenfreizeiten teil. Doch im Stockbett der Jugendherberge waren blasphemische Witze lustiger als alles andere, und so verriet ich Gott für den guten Gag. Meine religiöse Illoyalität bewegte mich vom Pfad der Tugend hin zur Raucherecke des Schulhofs, wo ich mit meinem Bad-Religion-Parka einige Pausen durchknutschte und mich trotzdem nicht festlegen wollte.

Während des Studiums folgten weitere gescheiterte Beziehungsversuche. Manche waren nur wenige Stunden lang. Zum Beispiel der mit dem einen Typ aus der Kneipe, der nur kurz sein Rad holen wollte und den ich beim Anblick seines Liegefahrrads nicht mehr zu-mir-oder-dir-mäßig kennenlernen wollte. Immer gab es gute Gründe zu gehen (Bob Dylan/Placebo/Muse-hören beim Rummachen, eine Katze namens Muschi besitzen, als Erstes nach dem Aufstehen jeden Morgen die Mutter anrufen, zu lautes Klatschen, den Unterschied zwischen *Star Trek* und *Star Wars* nicht kennen, knirschende Multifunktionshosen mit zu vielen Taschen, etc.). Oder ich wurde gegangen. Sogar eine Scheidung kann ich vorweisen. Man könnte meinen, dass Bindungsängste Ursache für all die Trennungen waren – doch dann kam Jochen Schmidt in mein Leben.

Die Leute fragen mich manchmal, wie diese Zusammenarbeit mit Jochen seit so vielen Jahren dermaßen gut laufen kann. Seit 2006 arbeiten wir nun Seite an Seite (er in Berlin, ich in Hamburg) nahezu reibungslos zusammen. Er ist meine längste Beziehung – nur beruflich, klar! Das Geheimnis unseres Erfolges und der Andauer unserer Partnerschaft basiert auf sieben legiten Grundregeln, die ich gern teilen möchte.

1. Umarme die Imperfektion

Natürlich ist keine Beziehung perfekt. Ich bin es nicht, Jochen ist es leider nicht (auch wenn seine Mutter das anders sieht). Wir haben uns digital kennengelernt. So erhielt ich am 8. Mai 2006 folgende Mail von Jochen:

liebe line hoven,

ich habe mir bei reprodukt »klassenfahrt« geben lassen und fand deinen bei-trag besonders gut. ich bin prosa-autor und bei comics nur leser, habe aber für reprodukt »shenzhen« von guy delisle übersetzt, das hoffentlich bald erscheint. ich träume allerdings davon, endlich mal etwas mit zeichnern zu machen. mir kommt es nur unlauter vor, das vorzuschlagen, da mir der zeichnerische teil viel aufwendiger erscheint, besonders bei deiner technik. trotzdem hätte ich eine kleine textreihe, die, wenn ich mich nicht täusche, sehr gut zu deinem stil passen würde. dieses leicht mysteriös-statische. die gruslig grinsenden kinder. sag mal, ob ich dir was schicken soll. wenn du keine zeit hast, macht das auch nichts, dann hoffe ich, daß dich dieser leser-brief gefreut hat.

herzliche grüße,
jochen schmidt

Die Kleinschreibung, die Wortkombination von »träumen« und »mal etwas mit zeichnern machen« irritierte mich ein wenig – zugegeben. Ein Professioneller setzt das Komma nach »herzliche grüße«? Zu Recht fragt sich Jochen heute noch, was mich dazu veranlasst hatte, mich auf eine Zusammenarbeit mit ihm einzulassen. Dabei war es doch eine Anfrage von einem richtigen, echten, veröffentlichten Schriftsteller! Kein Paul-Celan-mäßiger Brief, aber immerhin. Das reichte schon, mich damals zu beeindrucken und über seine Fehler hinwegzusehen. Ich las sein *Müller haut uns raus* und war begeistert. Seine lustige Melancholie sprach mich sofort an. Das Buch rettete mich damals über ein sehr anstrengendes Familientreffen. Wenn ich konnte, blieb ich auf dem Klo und las mich an einen anderen Ort. Ich war traurig, als das Buch alle war. Und so fing ich überaus motiviert an, seine »textreihe« zu illustrieren.

2. Vermeide Symbiose

2007 wollten Jochen und ich uns dann zum ersten Mal treffen. Warum wir es nicht schafften, uns zu sehen, weiß ich nicht mehr. Ich ließ ihm über eine andere Person die ersten Bilder zu seinen Texten aushändigen und wartete gespannt auf seine Reaktion. Tage später bedankte er sich per Mail bei mir und riss mir mit einer letzten Frage dann doch noch mein aufgeregt schlagendes Herz aus der Brust: Auf welche seiner Texte würden sich die Illustrationen beziehen?

Dass sich der Bezug von meinem Bild zum Wort nicht immer auf den ersten Blick erschließt, ist ein Problem, das ich bereits kenne. Dabei lege ich immer mein Augenmerk darauf, mit der Illustration das Beschriebene zu ergänzen. Das, was die Worte nicht zeigen, soll das Bild erledigen und umgekehrt. Im Grunde also das perfekte Paar. Fast wie zwei, die in beigefarbenenem Partnerlook wandern gehen und Hindernisse scheinbar synchron überwinden. Aber Jochen und ich sind eben entgegen aller Annahmen kein richtiges Paar, waren wir nie und werden wir nie sein. Und genauso verhält es sich mit Wort und Bild. Nur selten wird die perfekte Ergänzung von außen so wahrgenommen, wie es sich von innen anfühlt. Jochens Texte zu illustrieren ist echt kein Spaziergang. Das bringt mich zum nächsten Punkt.

3. Faire Aufgabenverteilung ist utopisch

Für unsere Paargespräche schickte Jochen mir seine Texte meistens im Bündel zu, sagen wir fünf neue Paare in einer Mail. Oft kam mir beim Lesen der Verdacht, dass die Texte hauptsächlich von seinen eigenen Paarerfahrungen inspiriert waren. Hatte er zu dem jeweiligen Paar überhaupt recherchiert? Während ich also an einer Illustration herumkratzte, fragte ich mich, wie lange er wohl fürs Schreiben gebraucht haben könnte. Ich brauche 30 Stunden für die Anfertigung eines Bildes. Da ist allerdings noch nicht die Lektüre des Textes eingerechnet. Eigentlich schlafe ich beim Lesen immer ein, was den Stapel ungelesener Bücher neben meinem Bett erklärt (im Japanischen gibt es ein Wort für die verlassenen Bücher, die sich ungelesen stapeln. Mein Tsundoku hat inzwischen eine praktische Größe erreicht, die ein zweites, Wasserglas-tragendes Tischchen ergibt). Jochens Paardialoge hingegen ließen meine Augen selten zufallen. Ich könnte ja einen Witz überlesen. Die genau 30 Stunden brauche ich also, um das Schwarz des Schabkartons von der darunterliegenden weißen Porzellanerde mit einem scharfen Gegenstand wegzukratzen. Andere Kratzer sind da wesentlich schneller. Thomas Ott konnte ich vor ein paar Jahren beim Live-Kratzen eines maßstabgetreuen Totengräber-Käfers beobachten. Er brauchte nur wenige Minuten. Ein zugleich niederschmetterndes wie begeisterndes Erlebnis. Anlass war die gemeinsame Ausstellung *Die Kunst des Schabkartons* mit anderen Kratzern aus der ganzen Welt. Wir saßen beim Kennenlernen zu fünft an einem Tisch. Nachdem ich Matti Hagelberg erzählt hatte, dass ich meinen Sohn nach ihm benannt habe, legte sich ein unangenehmes Schweigen über unsere Runde, das erst ein Kratzmesservergleich durchschneiden konnte. Der Franzose Raphaël Boccanfuso zeigte uns einen rostigen Nagel, mit dem er seine mit Knochenleim grundierten Bilder bearbeitete. Meinen geliebten gelben Baumarkt-Cutter ließ ich leise unter den Tisch fallen.

4.   Schüre das Feuer mit Wettbewerb

Nach Lesungen (man kann uns gern für die Hoven & Schmidt Show buchen!) gab es wiederholt ältere Männer, die mir begeistert erzählten, wie lustig sie Jochen bei unserem gemeinsamen Auftritt fanden. Dabei hatte ich meistens das Gefühl, wirklich alles gegeben und rampensaumäßig abgeliefert zu haben. Da ich alle Lesungen im Alleingang vorbereite (Jochen kommt immer zu spät) und Soundcheck, Bildershow sowie Ablauf des Abends in meinen Händen halte, habe ich immer schon ein paar Witzchen vorbereitet. Großzügig teile ich zu meiner linken Seite (Jochen sitzt immer links von mir) Sprüche aus wie Peitschenhiebe. Dass trotzdem hinterher der »witzige Autor« so gelobt wird, treibt mich zu immer mehr Leistung an. Manchmal flüstert man seinem Partner ja verliebt zu, dass er einen zu einem besseren Menschen mache. Auf eine gewisse Weise feuert auch Jochen mich dazu an, besser zu werden. Aber einfach besser als er.

5.   Heikle Themen nonverbal unterwandern

Manchmal beschlich mich das Gefühl, dass Jochens Texte eine leicht misogyne Wirkung haben könnten. Er lachte über meine Vorwürfe, nicht abfällig, sondern zutiefst amüsiert, weil er das absolut nicht so beabsichtigte. Er meinte, dass in seinen Dialogen die Frauen immer besser wegkommen würden als die Männer. Na ja, manche sagen so und manche so, Jochen. Mich stellte er damit jedenfalls immer wieder vor die Aufgabe, die Frau im Bild stärker in Erscheinung treten zu lassen als den Mann: Grimes Fuß sitzt einsatzbereit vor Musks Gemächt, Yoko ignoriert Johns *effeuiller la marguerite*, Romina ist in echt sowieso größer als Al Bano und Anna Magdalena Bach spielt am Klavier, während Johann vor Erschöpfung das Sofa heruntergleitet. Manchmal sagt ein Bild eben mehr als tausend Worte. Zumindest hoffe ich das.

6. Verletzen und verletzt sein

Während ich stundenlang kratze, telefonieren Jochen und ich oft. Er kann dann viele seiner Probleme mit mir teilen, und ich spüre, dass mein monotones Scharren seine aufgebrachten Gedanken beruhigt. Zudem arbeite ich sowieso meistens gerade an einer Illustration zu seinem Werk. Wie könnte man sich mehr gehört und verstanden fühlen als er in diesem Moment? Das Freilegen des Motivs ist ein meditativer Prozess, und ich bin eigentlich wahllos bei meiner Beschallung. Ob True-Crime-Podcasts oder Hörbücher – Hauptsache, es ist lang, damit ich mich nicht auf etwas Neues einlassen muss. Bei einem unserer Telefonate sprachen wir über Giotto. Jochen erwähnte vielleicht eine Fliege. Definitiv faselte er auch etwas von Unübertroffenem und einem Symbol künstlerischen Fortschritts. Irgendwann unterbrach ich ihn dann doch und fragte, ob er nicht etwas übertreiben würde, einen Einfluss Giottos auf die europäische Kulturgeschichte zu behaupten. Dieses Gespräch gehört für Jochen zu einem seiner Lieblingsmomente unserer gemeinsamen Geschichte. Seinen bildungsbürgerlichen Ergüssen entsprechend sprach er natürlich vom Maler Giotto di Bondone, während ich gedanklich bei der runden, süßen Haselnuss-Gebäckspezialität war. Sein Dünkel trifft mich manchmal hart, aber ich stehe ihm mit meinem popkulturellen Hochmut kaum nach: Eines der Paare, die Jochen für Paargespräche vorschlug, waren Brad Pitt und Angelina Jolie. Dass das Paar bereits seit 2016 getrennt ist, war für ihn vollkommen neu und den Ausdruck Brangelina hatte er auch noch nie gehört. Sein Ewiggestriges hat aber auch was Lustiges. Er schreibt beispielsweise immer noch in alter Rechtschreibung (und das fast 30 Jahre nach Einführung der neuen!) mit dem Hinweis, dass er die neue noch schlechter könne. Man sieht: Eine absolut

7. Treue

Seele. Anfänglich trug Jochen bei unseren Lesungen immer wieder T-Shirts mit berühmten Zeichentrickfiguren, wie zum Beispiel Captain Future. Ob er sich so stylte, um mich als Zeichnerin mit seinem Dresscode zu beeindrucken, oder er einfach wirklich gern so rumlief, traute ich mich nicht zu fragen. Allerdings wagte ich es 2020 vor unserer Weihnachts-Show-Lesung im NDR-Livestream, ihn zu bitten, sich irgendwie modebewusst zu zeigen. Seine Schuhe würde man vielleicht nicht sehen (Jochen trägt immer *Adidas Superstar*), aber obenrum könnte er bestimmt was machen. Daraufhin entdeckte er sein schwarzes Bachmann-Hemd wieder, das erstmalig 2007 beim Klagenfurter Wettlesen zum Einsatz gekommen war, und blieb ihm seither treu – er würde sich niemals Ersatz suchen. Der Mann ist die Zuverlässigkeit in Person. Auch das würde seine Mutter sagen. Wahrscheinlich würden wir keinen schlimmen Sturm gemeinsam überstehen... aber wir haben es wirklich schon sehr weit geschafft, und das wird auch sicher noch lange Zeit so weitergehen. Leider ist Jochen kein Hund... aber vielleicht ist er der Boomer meines Lebens.

Nach-Nachwort

JOCHEN SCHMIDT

Nachdem Line Hoven mir endlich ihr Neue-Paargespräche-Nachwort geschickt hat, habe ich nun noch circa zwei Tage, um mein Nachwort auf ihr Nachwort zu schreiben. Manchmal denke ich, sie schabt ihre Texte, so lange dauert das. (Tatsächlich hatte ich mal die Vorstellung, meine Gedichte in Marmor zu meißeln, um mir wegen der Mühsal des Meißelns sprachliche Nachlässigkeiten abzugewöhnen, das kann aber bei Line nicht der Grund sein.)

Ein Nachwort für ein gemeinsames Buch ist die beste Gelegenheit, sich einmal die Meinung zu sagen, denn außer uns selbst wird es ja kaum jemand lesen (die meisten Leser überspringen solche Begleittexte, dabei sind sie oft interessanter als das eigentliche Buch!). Das anstrengendste an Line ist ihre unheilbare Selbstunterschätzung und Unsicherheit, denn obwohl jeder, der Augen im Kopf hat, sieht, daß sie ein graphisches Genie ist, will sie ständig, daß man sie mit Lob aufbaut, und wenn man auch nur ein bißchen dabei zögert, ist sie am Boden zerstört und vermutet, daß man sich nur nicht getraut hat, die Wahrheit zu sagen. (Während ich Personen, die mich loben, unwillkürlich die Urteilskraft abspreche.) In Wirklichkeit ist die Arbeit mit Line Hoven fast meine einzige ungeteilt beglückende Erfahrung als Autor, und ich glaube, jetzt schon sagen zu können, daß, wenn etwas von meinem Werk bleiben sollte, es ihre Bilder sind.

Aber in jeder Beziehung stellt sich irgendwann die Frage: wieviel darf ich mir noch erlauben oder ist das Maß schon voll? Bei Line und mir ist es so, daß ich schwer erreichbar bin, ich, wenn sie mich aber mal erreicht, nicht aufhören kann zu reden, immer in der Hoffnung, daß sie mich tröstet. Wenn ich mit ihr zusammen wäre, hätte sie mich längst verlassen. Außerdem komme ich tatsächlich oft zu spät, pünktliche Menschen ahnen nicht, wie sehr unpünktliche Menschen selbst darunter leiden. Ich sage dann immer: »Ihr habt die Uhren, aber wir haben die Zeit!«, wie es angeblich »die Menschen in Afrika« tun. Ich bin einfach auf dem falschen Kontinent geboren!

Ein anderer Trennungsgrund wäre vielleicht, daß ich mich nicht mit Kleidung beschäftige, weder mit der von anderen noch mit meiner eigenen. Ich habe immer das an, was oben auf dem Haufen lag. Meine Schuhe sind nur deswegen *Adidas Superstar* (endlich erfahre ich, wie sie heißen!), weil es sie in dem einen Laden für Jugendlichenschuhe, in den ich mich traue und wo ich mir immer vorkomme wie ein Eindringling aus der Steinzeit, (bisher) immer gibt, sie halten genau zwei Jahre, dann drückt mein Hallux valgus ein Loch ins Leder und wenig später beginnt der Streß, denn ich muß mir neue kaufen, die dann viel zu sauber sind, um sie auf der Straße anzuziehen, es nützt auch nichts, große Schritte zu machen. Dabei habe ich, wenn ich ehrlich bin, gar keine Gelegenheiten, für die ich sie schonen müßte, weil ich irgendwo »gut angezogen« zu erscheinen hätte. Sollte ich jemals einen Preis bekommen (und nicht nur eine Laudatio auf Line halten, wenn sie einen bekommt), kann ich mich bei der Feier ja auch vermutlich anziehen, wie ich will, weil ich dann Narrenfreiheit genieße. (Im übrigen haben die *Adidas Superstar* ein sehr ungünstiges Profil, wenn man in Hundescheiße getreten ist, was in Berlin oft passiert. Andere mögen immer eine Zahnbürste dabeihaben, falls sie am Wochenende jemanden kennenlernen, ich müßte unsere Hundescheiße-Zahnbürste mitnehmen, die ich für meine und die Schuhe meiner Kinder sozusagen vom Zähneputzen entwidmet habe.)

Ein weiterer Trennungsgrund wäre meine unbegründete Arroganz, denn gebildet bin ich eigentlich gar nicht, auch wenn ich mich bemühe, aber neben anderen kommt man sich eben oft gebildeter vor, als man ist (den anderen selbst geht das vielleicht auch so. Für Allgemeinbildung hält man ja immer das, was man zufällig irgendwo aufgeschnappt hat). Ich weiß ungefähr, was Bildung eigentlich wäre, und daß wir damit heute im allgemeinen nicht mehr viel zu tun haben. Seltsamerweise denkt Line immer, nur weil sie meinen Giotto nicht kennt, hätte ich im Gegenzug keine Ahnung von ihrem Giotto. Ich kenne aber beide und würde trotzdem nicht zögern, Giottos mit Giottos zu bewerfen, wenn es gegen den Klimawandel helfen würde (obwohl es schade um die Giottos wäre).

Es gibt also sehr viel, was gegen mich spricht, wem sage ich das... Meine einzige Chance, daß Line mich nicht verläßt, ist, gute Texte für sie zu schreiben, und vielleicht ist das ja der Trick, ich provoziere den Rausschmiß, um den Druck zu erhöhen. Dabei weiß ich ja, daß ich, um sie zu begeistern, eigentlich nur irgendetwas über Tiere oder noch besser über Hunde schreiben müßte (diese wandelnden Kotbeutel, derentwegen ich die Zahnbürste brauche), aber das wäre mir zu einfach. Ich will ihr nicht nur wirklich eine Freude machen, sondern sie dabei auch noch überraschen und amüsieren. (Obwohl es nach meiner Erfahrung eine der unzutreffendsten Lehren aus der Geschlechterklischistik ist, daß Frauen es schätzen würden, zum Lachen gebracht zu werden.) Kaum ein Lob beglückt mich so, wie wenn sie mir mit ihren durch viele überflüssige Vokale in die Länge gezogenen, halbenglischen Worten ihre Begeisterung über einen Text mailt! Dann fühle ich mich (für kurze Zeit) wirklich wie ein Schriftsteller. Liebe Line, mach bitte weiter so, mit dem, was du so machst, dann mach ich auch so weiter, wie ich es sowieso nicht anders kann!

Dein Jochen

Anmerkungen zu den Illustrationen

LINE HOVEN

Jeanne-Claude und Christo

1. Jeanne-Claude und Christo wurden am selben Tag geboren. Tatsächlich am *selben* und nicht am *gleichen* Tag, da sie beide im Jahr 1935 geboren wurden. Am 13. Juni erblickte sie das Licht der Welt allerdings in Casablanca, Marokko, und er in Gabrowo, Bulgarien.

2. Ende der 50er-Jahre lernten sich Jeanne-Claude und Christo in Paris kennen. Als Auftragsmaler unter dem Namen Javacheff porträtierte der fast mittellose Christo die Frau des Generals de Guillebon, Précilda de Guillebon, Jeanne-Claudes Mutter. Große Überredungskünste Jeanne-Claudes (und die Schwangerschaft mit Sohn Cyril) waren nötig, bis ihre großbürgerlichen Eltern ihrer Amour fou endlich ihren Segen geben konnten.

3. Jeanne-Claude und Christo arbeiteten grundsätzlich gemeinsam an ihren Projekten. Außerdem nahmen sie aus Prinzip keine Auftragsarbeiten oder Subventionierungen ihrer Werke an – sie finanzierten ihre Kunst selbst, um unbeeinflusst arbeiten zu können.

4. Sex ist am Ende doch der beste Beziehungs-Klebstoff. Angesprochen auf die Beweggründe, sich für Christo zu entscheiden, verriet Jeanne-Claude: »Ich könnte behaupten, die Kunst sei das ausschlaggebende Moment gewesen, doch tatsächlich war er ein teuflisch guter Liebhaber.«

5. Die energiesparendste Möglichkeit, Körperteile wie etwa Füße zu wärmen, ist die Nutzung eines in der Mikrowelle erhitzten Kirschkernkissens. Die Wärmflasche ist wegen des vorherigen Einsatzes des Stromfressers Wasserkocher im Vergleich deutlich teurer.

6. Wenn das nächste Mal jemand fragt »Was macht die Kunst?«, könnte man antworten: »(Prinz), die Kunst geht nach Brot.« So lautet nämlich der Originaldialog zwischen dem Hofmaler und dem Prinzen in Lessings Trauerspiel *Emilia Galotti*.

7. **Verhüllen!** *Nicht verpacken!* war die Devise des Paares. Ihre Kunst sei Offenbaren durch Verbergen, beschreibt der Christo-Biograf David Bourdon in seinem Buch die Wirkungsweise der Projekte von Jeanne-Claude und Christo.

Maid Marian und Robin Hood

1. Nicht immer war es **Robin Hoods** Stärke, Beute und Nahrung mit denen zu teilen, die auf Mildtätigkeit angewiesen waren. Bereits Mitte des 13. Jahrhunderts wurde die fiktive Figur des Robin

Hood in englischen Balladen besungen. Erst im Laufe der Jahre mauserte er sich von einem gewöhnlichen Wegelagerer und Dieb – auch wenn er bevorzugt von Adel und Klerus nahm – zu einem der ersten Kämpfer für soziale Gerechtigkeit, der das Diebesgut unter den Bedürftigen verteilte. Doch nicht nur charakterlich änderte sich die Figur: Von Disneys bezaubernder Darstellung als Zeichentrick-Fuchs über den dünnbärtigen Errol Flynn bis hin zum muskulösen Russell Crowe – wenige andere Figuren der Popkultur repräsentieren den (ästhetischen) Geist ihrer Zeit so sehr wie die des Robin Hood. Der Höhepunkt, das schulterpolsterlastige Kostüm von Kevin Costner in *Robin Hood – König der Diebe* (1991) beweist: Die frühen 90er waren stilistisch die schlimmsten 80er.

2. Der erste **Streichelzoo** Europas wurde 1938 im Londoner Zoo unter dem Namen *children's zoo* eröffnet. In Deutschland waren der Leipziger und der Münchner Zoo die ersten Anbieter von extra Bereichen zum Füttern und Streicheln von Tieren. Die Bezeichnung *Streichelzoo* wurde erst über 30 Jahre später von dem Zoodirektor und Tierarzt Wolfgang Salzert ausgebrütet.

3. **Ziegen** waren unter den ersten Tieren, die vom Menschen domestiziert wurden, nämlich schon vor über 11.000 Jahren – es war ein Schlüsselmoment der Menschheitsgeschichte, markiert er doch den Wandel vom Sammler und Jäger hin zur Agrargesellschaft. Auch Robin Hood hatte sich mit seinen *Merry Men* (seinen *fröhlichen Gefährten*) im *Sherwood Forest* bzw. *Barnsdale Forest* niedergelassen. Allerdings waren sie eher den Jägern und Sammlern zuzuordnen. Forscher konnten feststellen, dass sich die Gesellschaft, in der sich Ziegen befinden, auf den Klang ihres Gemeckers auswirkt. Ähnlich der menschlichen Stimmen variieren auch Ziegenstimmen. Durch akustische Analysen konnte je nach Lebensregion ein anderes dialektales Gemecker ausgemacht werden. Wie wohl eine Ziege im Hamburger Streichelzoo im Vergleich zu einer bayrischen Ziege klingen mag?

4. Auch die Figurendarstellung der **Maid Marian** (auch Marion), die große Liebe des Banditen Robin Hood, veränderte sich stetig. In den Anfängen der Robin-Hood-Saga war sie noch gar nicht existent und wurde erst im 16. Jahrhundert als Schäferin eingeführt. Sie wird als schön, selbstbewusst und aufrichtig in ihrer Liebe zu Robin porträtiert und wurde nicht zuletzt deswegen in der weiteren Entwicklung der Geschichte schließlich zur Edelfrau geadelt. Auch aufgrund ihres unabhängigen Charakters und weil sie Robin auf Augenhöhe begegnet, bezeichnet man sie als eine der ersten starken weiblichen Figuren in der englischen Literatur.

Ginger Rogers und Fred Astaire

1. Die **Schwimmnudel**, Wassercannelloni, Poolnudel, Wassernudel ist ein etwa 160 Zentimeter langer, flexibler Zylinder aus geschlossen-porigem Polyethylenschaum (PE-Schaum) mit einem üblichen Durchmesser von circa sieben Zentimetern. Die Nudel kann als Auftriebhilfe im stillen Wasser genutzt werden, etwa bei Schwimmanfängern. Zwei Männer beanspruchen die Erfindung der Schwimmnudel für sich, Richard Koster und Steve Hartman. Seit über 30 Jahren zeigen die beiden Kanadier sich unnachgiebig, wem der Titel des Schwimmnudel-Schöpfers gebührt. Einig sind sich beide jedoch über die schwierige Vermarktung des Schaumobjektes Mitte der

80er. Auf Nachfrage, wozu das bunte Ding zu nutzen sei, wurde neben den gesundheitlichen Aktivitäten dann der wahrscheinlich größte Sellingpoint gefunden: Spaß – zum Beispiel als weicher Knüppel, mit dem man gegeneinander im Wasser kämpfen kann. Oder wie Hartman es so treffend formulierte: »Well, you float around with them, you hit your brother with them.«

2. Auch wenn **Ginger Rogers** und **Fred Astaire** jenseits der Leinwand kein Paar waren, so repräsentierten sie dennoch den Archetypen der romantischen Liebe für eine ganze Generation. In insgesamt zehn gemeinsamen Filmen erzählten die beiden in immer neuen Charakteren fortwährend dieselbe romantische Geschichte: Nach anfänglicher Abneigung verliebt sich das Paar schließlich ineinander. Am besten illustriert das vermutlich ihr Tanz in *Top Hat* (*Ich tanz' mich in Dein Herz hinein*), als Rogers und Astaire vor einem Gewitter in einen Pavillon flüchten müssen. Die zunächst abwehrend wirkende Ginger und der forsche Fred umrunden einander, halten ein, beschnuppern sich förmlich und tanzen dieses Balz- und Zurückweisungsspiel wie zwei Lovebirds. »Sie gab ihm Sex, er gab ihr Klasse«, kommentierte Katherine Hepburn das Arbeitsverhältnis der beiden.

Moneypenny und James Bond

1. Nachdem James Bond (hier Sean Connery) in *Thunderball* (*Feuerball*, 1965) Oberst Jacques Bouvar in dessen Schloss getötet hatte, kehrte er mit einem Jetpack zu seinem Auto, dem Aston Martin BD5, zurück. Selbst in dieser Ausnahmesituation bewies Bond Köpfchen und minimierte sein Verletzungsrisiko, indem er sich vor seinem Abflug einen **Helm** aufsetzte. Jenseits der Kinoleinwand hingegen musste der Vizepräsident von *JetPack International* 2016 ins Krankenhaus eingeliefert und mit 27 Stichen genäht werden, weil er beim Fliegen bzw. Landen auf seinem unbehelmten Kopf aufkam.

2. Eine raffinierte Fragestellung, um zum Beispiel in den ersten Wochen des Kennenlernens den neuen Partner besser einschätzen zu können, ist: Welche Superkraft würdest du wählen, wenn du es dir aussuchen könntest? Unsichtbar sein oder fliegen können? Psychologisch interessant ist dabei nicht die Auswahl der Superkraft, sondern vor allem, wofür man dieses neue Feature nutzen möchte. Ist es eher die kostenlose Reisemöglichkeit oder hat man die Rettung der Menschheit im Sinn? Immerhin: Die Verwendung eines **Jetpacks** verspricht kurzzeitig die Erfüllung einer dieser Superkräfte und, wenn man schnell genug ist, die der zweiten auch.

3. In *Skyfall* (2012) musste James Bonds (Daniel Craig) **Krawatte** bei der Motorrad-Verfolgungsjagd mit einem Gewicht beschwert werden. Nur so konnte verhindert werden, dass die Krawatte ihm während des Drehs ins Gesicht flatterte.

4. Lois Maxwell, die wohl bekannteste **Miss Moneypenny**-Darstellerin aus 14 Bond-Filmen, hatte sich zu Lebzeiten große Hoffnungen auf die Rolle einer weiblichen M., der Chefin von Bond, gemacht. Sir Roger Moore sagte anlässlich ihres Todes 2007 im britischen Radio: »Sie war eine wundervolle Kollegin und die perfekte Besetzung für die Rolle der Miss Moneypenny. Ich glaube, es war eine große Enttäuschung für sie, dass sie nicht zur M. aufgestiegen ist. Sie hätte eine wunderbare M. abgegeben.«

5. Warum James Bond seinen **Wodka Martini** lieber geschüttelt als gerührt trinken möchte, lässt sich mit dem Paranuss-Effekt erklären: Wenn man ein Gemisch aus großen und kleinen Teilchen schüttelt, gelangen die großen Teilchen an die Oberfläche, während die kleinen Teilchen nach unten sinken. Die Geschmacksmoleküle eines Wodka Martinis sind größer als die Alkoholmoleküle und befinden sich daher bei einem geschüttelten Martini an der Oberfläche. Und da James Bond nicht nur ein Connaisseur ist, sondern auch immer in Eile (es bleibt selten mehr Zeit als für nur einen Schluck), lässt er sich den Geschmack an die Oberfläche schütteln und eben nicht unterrühren.

Charybdis & Skylla

1. Eines der vielen Abenteuer, die Odysseus vor seiner Heimkehr nach Ithaka bestehen musste, war die Überwindung der Meerenge von Messina (zwischen Kalabrien und Sizilien). Schon die Göttin Kirke warnte Odysseus vor den monströsen Gefahren, die ihn dort erwarten würden und vor denen selbst Poseidon ihn nicht würde schützen können. Auf der sizilianischen Seite hockte unter einem Felsen das Seemonster Charybdis, das dreimal täglich das Meerwasser und alles in und auf ihm in sich aufsog und dann brüllend wieder ausstieß. Nur einen Pfeilschuss entfernt saß auf der kalabrischen Seite der Meerenge auf einer Klippe das Meeresungeheuer Skylla. Odysseus entschied sich, Charybdis weit zu umschiffen, und verlor deswegen sechs seiner Gefährten an die passenderweise **sechs** gefräßigen Köpfe der **Skylla**. Schon im antiken Rom wurde dies sprichwörtlich: »Incidit in Scyllam qui vult vitare charybdim« (»Es verfällt der Scylla, wer die Charybdis vermeiden will«).

2. Pechvogel, der Odysseus war, musste er die Meeresenge später ein weiteres Mal passieren und lernte dabei auch **Charybdis'** anziehende Kraft kennen. Nur noch auf dem Kiel seines Schiffes sitzend wurde er in die Meeresenge zurückgetrieben. Zum Glück konnte er sich auf einen Feigenbaum retten, bevor Charybdis die Reste seines Schiffes in ihren Strudel riss. Odysseus wartete an den Baum geklammert, bis Charybdis den Schiffskiel wieder ausspie, und ruderte auf den Trümmern davon.

3. Die Redewendung »Zwischen Skylla und Charybdis sein« ist leichter auszusprechen, als es aussieht – das Ch wird lediglich als K gesprochen. Gebräuchlich ist sie in mindestens acht Sprachen: Deutsch, Französisch, Russisch, Schwedisch, Polnisch, Italienisch, Niederländisch und Englisch. In all diesen Sprachen kann man also das Dilemma, sich zwischen zwei gleich großen Gefahren zu befinden, mit Verweis auf die griechische Mythologie eindrucksvoll beschreiben. Vermutlich reicht es schon, die Namen im Klang der Landessprache auszusprechen, um einen verständnisvollen Blick zu ernten.

4. Charybdis und Skylla verwirklichen in dieser Illustration den Traum, den viele berühmte Paare hegen: den vom Rückzug aufs Land und der Bewirtschaftung eines eigenen Stücks Land. Und was anderes könnte man mit den zarten Zungen der sechsköpfigen Skylla besser ernten als Feinkostfeigen im Mittelmeerraum? Höchstens **Oliven**.

5. Die Darstellung eines weiblichen Meeresstrudel-Ungeheuers an Land war hier nur in einem **Goldfischaquarium** möglich. Charybdis als »Sturm im Wasserglas« zu verniedlichen war damit nicht beabsichtigt.

Yoko Ono und John Lennon

1. **Yoko Ono** und John Lennon lernten sich am 9. November 1966 bei der Vorbesichtigung ihrer Ausstellung in der Indica Gallery in London kennen. Lennon begeisterte sich für Onos Kunstwerk *Hammer and Nail*. Die Ausstellungsbesucher sollten das Kunstwerk selbst erschaffen, indem sie Nägel in ein unbehandeltes Stück Holz hämmerten. Ono musste Lennon jedoch von dem Versuch abhalten, einen Nagel ins Holz zu schlagen – die Ausstellung war noch nicht offiziell eröffnet. Der Galerist John Dunbar fragte sie, ob sie nicht wüsste, mit wem sie es zu tun habe, und dass dieser Mann es sich leisten könne, ihre Kunst zu kaufen. Daraufhin bot Yoko Ono Lennon an, für fünf Schilling einen Nagel in das Brett schlagen zu dürfen. Da er kein Geld bei sich trug, bot er ihr an, einen imaginären Nagel für fünf imaginäre Schilling einzuhämmern. Sie stimmte zu.

2. 1962 erhielt Lennon einen Brief von einem Grundschüler seiner ehemaligen Schule. Der Schüler sollte als Hausaufgabe einen Beatles-Text interpretieren und bat nun Lennon um Hilfe. Angestachelt und amüsiert von diesem Brief nahm sich Lennon vor, einen Song zu schreiben, der unmöglich zu interpretieren wäre. Das Ergebnis war *I'm the Walrus*. Der Song setzt sich aus ursprünglich drei verschiedenen Songideen zusammen, die Lennon mit ein paar Kinderreimen verband. **Das weinende Walross** war inspiriert von dem Gedicht *Das Walross und der Zimmermann* in Lewis Carrolls *Alice hinter den Spiegeln*, der Fortsetzung von *Alice im Wunderland*. Nachdem Lennon den Text fertiggestellt hatte, soll er gesagt haben: »Let the fuckers work that one out.«

3. **Lennon** wurde nach seiner Ermordung 1980 eingeäschert. Seine Witwe Yoko Ono hat nie verraten, wo seine Asche bestattet wurde. Viele Fans vermuten, dass sich die Asche in der Gedenkstätte *Strawberry Fields* (benannt nach dem Beatles-Song *Strawberry Fields Forever*) im New Yorker Central Park befinden könnte. Auf Onos Wunsch wurde in diesem einen Hektar großen Areal zu Lennons Ehren ein Mosaik mit dem Wort *Imagine* (nach einem seiner berühmtesten Songs) eingelassen. Auch heute noch treffen sich Lennon-Fans dort, um gemeinsam Beatles-Lieder zu singen, Blumen abzulegen und Kerzen anzuzünden. Der ursprüngliche Namensgeber für die *Strawberry Fields* war ein Waisenhaus in Liverpool, in dessen Nähe Lennon aufwuchs.

4. Die **Meanies** waren eine Armee von musikhassenden blauen Kreaturen, die in dem Beatles-Zeichentrickfilm *Yellow Submarine* von 1968 vorkamen. Als vollwertige Antagonisten symbolisierten sie alle schlechten Menschen dieser Welt. Sie hatten sechs Finger mit Krallen, trugen Augenmasken und Micky-Maus-ähnliche Ohren. Zudem hatten sie laaaange gelbe Zähne und einen dicken roten Mund, der an den ekligen Lippenstiftkuss mancher Tanten erinnert.

5. Nachdem Yoko Ono und John Lennon auf dem Cover ihres Albums *Two Virgins* vollkommen

nackt zu sehen waren (auf der Vorderseite die Vorderansicht und konsequenterweise auf der Rückseite die nackte Kehrseite ihrer Körper), war die Erwartungshaltung der Presse sehr hoch, als sie ihr *Bed-in* ankündigten. Das Paar plante, seine Flitterwochen öffentlich zu machen und eine Woche lang im Bett zu bleiben. Statt eines weiteren Skandals in Form von mehr Nacktheit oder Sex saß das Paar allerdings lediglich einen Pyjama tragend im Bett des Amsterdamer Hilton Hotels mit den Händen auf der Decke und verhielt sich »engelsgleich«, wie Lennon es beschrieb. Über ihrem Bett hingen **Protestschilder** mit der Aufforderung, das Haar in Ruhe wachsen zu lassen und *Bettfrieden* zu praktizieren. Ihren gewaltfreien Protest gegen den Vietnamkrieg nannten der Beatles-Musiker und die japanische Avantgarde-Künstlerin *Bed-in for Peace* als Anlehnung an die *Teach-ins* oder *Sit-ins* Ende der 60er-Jahre in den USA. Yoko Ono fasst ihr Konzept so zusammen: »Wir bleiben im Bett, sieben Tage, von zehn Uhr bis zehn Uhr, und sprechen über Frieden.«

6. **Sie liebt mich, sie liebt mich nicht**: *She loves you* schrieben Lennon und McCartney 1963 innerhalb weniger Stunden und vollendeten den Song in Pauls Elternhaus. Der Legende nach soll Pauls Vater, nachdem er das Lied gehört hatte, folgenden Vorschlag gemacht haben: »That's very nice, son, but there's enough of these Americanisms around. Couldn't you sing *She loves you, yes, yes, yes?!*«

Uschi Obermaier und Mick Jagger

1. In ihrer Biografie *High Times* beschreibt Uschi Obermaier das typische Frühstück mit den Rolling Stones, bestehend aus Kaviar, einer Line Heroin (geschnupft und nicht gespritzt) und **Champagner**. Sie bevorzugte allerdings Apfelsaft als Getränk.

2. Sein streitbar jugendliches Aussehen soll **Mick Jagger** einem Lifestyle-Magazin zufolge gelegentlichen Gesichtsbehandlungen mit Kaviar verdanken. Immerhin ist er mit 73 Jahren Vater seines achten Kindes geworden, des Sohnes Deveraux Octavian (!) Basil Jagger, den er mit seiner 29-jährigen Partnerin, der Balletttänzerin Melanie Hamrick, zeugte.

3. Die Inspiration zur Textzeile »Hey hey hey…« in (*I can't get no*) *satisfaction* kann Mick Jagger nicht erst an einem Münchner **Heuhaufen** (Heu heißt auf Englisch *hay*) lehnend gehabt haben. Den Song hatten die Stones bereits 1965 geschrieben, Mick lernte Uschi erst 1969 kennen. Damals sollen Keith und Mick sich um die Gunst von Uschi gestritten haben. Sie klingelten sogar am selben Abend im Abstand von nur wenigen Minuten bei ihr. Am Ende bekam Mick dann die Satisfaction, dass er bei Uschi übernachten durfte und Keith erst mal warten musste.

4. Mick Jagger lernte Uschi Obermaier in den Olympic Studios kennen und machte Münchens ehemals **wildestem Teenager** in ihren Schlangenlederstiefeln mit dem geflüsterten Kompliment »You are so beautiful« schwache Knie. Kurz danach schmusten sie in einem Club so heftig herum, dass sie gemeinsam die aufrechte Haltung verloren und unter den Tisch fielen.

5. Ursula »Uschi« Obermaier zeigte sich stilvoll nackt als *Busen der Revolution* auf zahlreichen Fotos in internationalen Magazinen. Sie galt als Sexsymbol der 68er und ließ sich auch beim

fachgerechten Drehen eines **Joints** ablichten. Obwohl sie Mitglied der Kommune 1 war, bezeichnete sie sich aber nicht als politische Aktivistin.

6. 1951 kam der **Tetra-Pack** in Tetraederform auf den Markt. Die kleine 200-Milliliter-Pyramide war namensgebend. Erst 1969 wurde der Tetra-Brick als Quader und im einen Liter fassenden Karton eingeführt. Leider ist nicht überliefert, ob Uschi ihren Fruchtsaft lieber aus Glasflaschen oder aus der Schweizer Erfindung trank.

7. Uschi lebt unterschiedlichen Quellen zufolge heute in Portugal oder im Topanga Canyon bei Los Angeles. Einig sind sich die Quellen darüber, dass sie ihr Geld als **Schmuck**designerin verdient. So entwarf sie zum Beispiel die Verlobungs- und Hochzeitsringe für den Filmregisseur Roland Emmerich. In Los Angeles nutzte sie sogar die Schwanzrasseln von Klapperschlangen für ihren custom-made Schmuck. Die Kette in diesem Bild könnte aus ihrer von Sternzeichen inspirierten Kollektion sein und zeigt eine kleine Waage.

Terence Hill & Bud Spencer

1. Ob Terence Hill (Jahrgang 1939) seinen Kaffee tatsächlich aus einer **I ♥ Lommatzsch Tasse** trinkt, ist nicht belegt, aber durchaus möglich. Als Sohn eines Italieners und einer Deutschen wuchs Terence Hill von 1943 bis 1947 mit seinen Eltern im sächsischen Lommatzsch bei Dresden auf. Bis zu seinem sechsten Lebensjahr sprach der gebürtige Italiener ausschließlich Deutsch und beherrscht es auch heute noch. Wie sehr sich Hill Lommatzsch auch Jahrzehnte später noch verbunden fühlte, zeigte sich 1995, als er eine Rutsche für das Terence-Hill-Freibad in Lommatzsch spendete.

2. Terence und Bud waren beide passionierte **Schwimmer**. Bud wurde sieben Mal italienischer Meister im Brustschwimmen und trat 1952 und 1956 als professioneller Schwimmer bei den Olympischen Spielen an. Sie schwammen sogar beide im Verein Lazio, lernten sich damals jedoch nie richtig kennen.

3. Neben seinen vielen anderen Professionen war Bud Spencer auch Erfinder. Folgende Patente meldete er an: ein dreiläufiges Jagdgewehr, einen Spazierstock mit eingebauter **Sitz**hilfe, ein Türschloss und eine elektrische Spielzeugmaus.

4. *Vier Fäuste für ein Halleluja* war der erfolgreichste Film der beiden. Vermutlich lag das an der hohen Schlagzahl. Bud ließ insgesamt 18 Mal die Vögelchen zwitschern und Terence verteilte stolze 46 Mal einen Satz heiße **Ohren**.

5. Zutaten für zwei Portionen vegetarischen Bohnen-Eintopf: 1/2 rote Zwiebel, 1/2 Chilischote, 240 g Tomaten, 300 g weiße Bohnen (Dose oder Glas), 200 g Kidney-Bohnen, 20 g Tomatenmark, 2 EL Pflanzenöl, 1/2 TL Kreuzkümmelsamen, 1/2 Zimtstange, 1/2 EL Apfelweinessig, 1/2 EL Ahornsirup, Salz, Pfeffer, 1 Zehe Knoblauch, ein Lagerfeuer, eine **Pfanne**, zwei Holzlöffel und einen Sonnenuntergang.

6. »Ohne Heu kann **das beste Pferd** nicht furzen.« Bud Spencer in *Zwei Himmelhunde auf dem Weg zur Hölle*

7. »Wenn du mich noch mal duzt, hau ich dir 'ne Delle in die Gewürzgurke.« Terence Hill in *Vier Fäuste für ein Halleluja*

Romina Power & Al Bano

1. Der Pop-Star **Romina Power** stammt von zwei nicht weniger funkelnden Sternen ab: Ihre Mutter Linda Christian, bekannt als erstes Bond-Girl und auch als Tarzans Jane (an der Seite von Johnny Weissmüller), wurde 2001 mit einem goldenen Palmenstern auf dem Walk of Stars in Palm Springs geehrt. Den Stern von Rominas Vater, Tyrone Power, findet man hingegen auf dem Walk of Fame in Hollywood. Er gilt als einer der bekanntesten Vertreter des frühen Mantel-und-Degen-Filmes: *Im Zeichen des Zorro!*

2. »Sich an der Hand zu halten, einen langen Weg zu gehen, das ist das Glück«, heißt es in *Felicità*, dem Weltohrwurm-Erbe des Pop-Duos. Dieses Jahr hätten die beiden goldene Hochzeit feiern können, vereint sind sie jedoch nur noch in der Arbeit an einem neuen Album, dessen Erscheinungstermin noch nicht bekannt ist. Böse Zungen behaupteten, dass der legendäre, leicht nach vorne gebückte **Tanz** von Romina Power vom Größenunterschied zu ihrem Gesangs- und damaligen Lebenspartner Al Bano ablenken sollte. Dass sie sich beim Tanzen kleiner gemacht hat, hat ihr immerhin noch einen weiteren Erfolg beschert: mit *Il ballo del qua qua*, der italienischen Version des Ententanzes, landete sie 1981 einen Hit.

3. **Al Bano** (Albano Carrisi) erbte als Winzersohn das Weingut seiner Familie in Apulien. Auf der Seite des Medienportals *blick.ch* sagte Al Bano einmal lachend, dass sein eigener Weinkonsum der Hauptbeitrag zu diesem Weingut sei. Aber auch bei der Namensgebung seiner Erzeugnisse beweist Al Bano ein glückliches Händchen: Der trockene Spumante des Hauses Carrisi trägt den Namen *Felicità!*

Engels & Marx

1. In ihrem gemeinsamen Londoner Exil trafen sich Friedrich Engels und Karl Marx fast täglich. Sie wohnten zwar nur wenige **Skateboard**minuten voneinander entfernt, jedoch in vollkommen unterschiedlichen Verhältnissen. Friedrich Engels lebte in dem damals bereits wohlhabenden Stadtteil Primrose Hill, während Marx im choleraverseuchten Soho mit seiner Familie überlebte. Friedrich half seinem Freund Karl regelmäßig, seine Schulden zu begleichen. Auch inhaltlich stützte der Industriellensohn den Philosophen bei seinen Veröffentlichungen. Doch zeigte sich Engels stets bescheiden: »Marx war ein Genie, wir andern höchstens Talente.« Um Marx einen Skandal zu ersparen, übernahm er sogar die Vaterschaft für dessen unehelichen Sohn, Henry Frederick Demuth.

2. Helena **Demuth**, bekannt unter den Spitznamen *Lenchen* oder *Nim*, war die Haushälterin, Freundin und Vertraute der Familie Marx. Karl soll beim Schach oft gegen sie verloren haben. Erst vor wenigen Jahren konnten die Spuren ihres gemeinsamen Sohnes nachvollzogen werden, die eine Vaterschaft Karls bestätigen. Helena wurde auf Wunsch von Karl Marx' Töchtern nach ihrem Tod

1890 im Familiengrab der Familie Marx auf dem Highgate Cemetery beigesetzt, Engels hielt die Trauerrede.

3. Frederik **Philips**, Karls Cousin ersten Grades, gründete 1891 mit seinem Sohn Gerard die Firma *Philips & Co.*, den späteren Elektronik- und Haushaltswarenhersteller. Sein Vater Lion Philips war nicht nur einer der von Karl Marx' Mutter eingesetzten Testamentsvollstrecker ihres Erbes, sondern auch ein geschätzter Mann in Karl Marx' Leben, wie man es aus diesem Brief von Karl an Friedrich Engels vom 31.12.1866 erahnen kann:

»Dear Fred,
Prost Neujahr! Ditto für Madame Lizzy! Möge der Teufel das nächste Jahr Russen, Preussen, Bonaparte und den British Juryman holen!
(...)
Ich habe heute eine sehr trübe Nachricht erhalten, den Tod meines Onkels, der ein ausgezeichneter Mann war. Er starb aber schön, rasch, umgeben von allen seinen Kindern, mit vollem Bewußtsein, u. den Pfaffen mit feiner Voltairescher Ironie begiessend.
Die ganze Familie sendet Dir ihr Prost Neujahr.
Salut
DKM«

4. Mary & Lizzy
Die Irin **Mary** Burns war Friedrich Engels' langjährige Lebenspartnerin. Da beide nicht an die bürgerliche Institution der Ehe glaubten und dem auch politisch ein Zeichen setzen wollten, heirateten sie nie. Nach Marys plötzlichem Tod mit 41 Jahren lebte Friedrich weiterhin mit ihrer Schwester **Lizzy** zusammen. Er heiratete sie nur wenige Stunden vor ihrem Tod 1878.

5. Das Besitzrecht des Namen **Jenny** wurde in der Familie Marx fair aufgeteilt. Alle Töchter des Ehepaares Johanna Bertha Julie Jenny Marx (geborene Westphalen) und ihres Mannes Karl trugen ihn an erster Stelle:
Jenny Caroline (1844–1883)
Jenny Laura (1845–1911)
Jenny Eveline Francis, genannt Franziska (1851–1852)
Jenny Julia Eleanor, genannt Tussy (1855–1898)

6. Karl Marx machte sein Abitur 1835 mit einem Notendurchschnitt von **2,4**.

Baktus & Karius

1. Bester Witz fürs Weihnachtsessen mit den Liebsten, wenn man sie auf eine Kleinigkeit humorvoll hinweisen möchte: »Deine Zähne sind wie Dortmund und Duisburg.« – »Hä?« – »Da ist noch **Essen** dazwischen.«

2. Die Geschichte der beiden Zahntrolle Karius (**schwarzhaarig**) und Baktus (rothaarig) wurde erfunden, geschrieben und illustriert von Thorbjørn Egner und 1949 als Buch veröffentlicht. Die personifizierten Wortspiele leben in den Löchern der Zähne eines Jungens namens Max (im

Original *Jens*). Dort bauen sie ihr Wirkungsgebiet in Form von neuen Grundstücken weiter aus. Max hilft ihnen dabei, unwissentlich, durch den Verzehr von Weißbrot mit Sirup und säumiger Zahnpflege. Den Wohnraum entzieht ihnen jedoch der Zahnarzt. Durch Max' gründliches Zähneputzen werden die beiden schließlich aus dem Mund über den Ausguss ins weite Meer gespült, wo sie von einem Floß aus nach einem neuen Kind suchen, das sich die Zähne nicht putzt.

Der Urenkel Thorbjørn Egners ist übrigens der Skispringer Halvor Egner Granerud.

3. Einige interessante Small-Talk-Fakten für eine sonst »Nicht-die-Zähne-auseinanderkriegen-Situation«:
   - Zahnschmelz ist der härteste Teil des menschlichen Körpers, sogar härter als Knochen.
   - Während der erwachsene Mensch 32 Zähne hat, übertrumpft ihn die Gartenschnecke mit Tausenden von Zähnen.
   - Ein Hai bekommt nicht nur zwei Mal im Leben neue Zähne, sondern bis zu 40 Mal.
   - Der längste menschliche Zahn, der offiziell dokumentiert wurde, war 37,2 Millimeter lang und wurde im September 2018 von dem Zahnarzt Max Lukas aus Offenbach gezogen.

4. Die Lieblings**süßigkeit** der Deutschen 2019 ist wie schon in den vorherigen Jahren die Tafelschokolade (Vollmilch). In den europäischen Ländern liegt Deutschland dabei im Schokoladenkonsum deutlich auf Platz eins und hatte den höchsten Pro-Kopf-Konsum. Auf Platz zwei der liebsten Knabberartikel Deutschlands findet sich der Schokoriegel, dicht gefolgt vom Kaugummi, das im Vergleich dazu bereits schon praktisch als Zahnpflegeprodukt durchgehen könnte.

5. Hiermit bitte ich offiziell um die Aufnahme des Wortes *Salzigkeit* als Gegenstück zum Wort *Süßigkeit* in den Duden.

Steffi Graf & André Agassi

1. In seiner 2009 erschienenen Biografie *Open* beschreibt **André Agassi** das erste Treffen der zukünftigen Schwiegerväter Graf und Agassi als so aggressionsgeladen, dass es in einem Faustkampf zu enden drohte.

2. Tischtennis bzw. der Name *Table Tennis* wurde am 15. Juli 1890 von dem Engländer David Foster unter der Nummer 11037 zum Patent angemeldet. Zeitgleich gab es weitere Versuche, den beliebten Rasensport Tennis als Heimversion neu zu entwickeln, teilweise bezogen diese Spiele noch Elemente von Karten-, Brett-, Würfel- und Luftballonspielen mit ein. Unter den Patentanmeldungen gab es die Namen *Indoor Tennis*, *Gossima* und *Whiff-Whaff*. Man nutzte zum Spielen Gummi- oder Korkbälle mit etwa fünf Zentimetern Durchmesser, deren Springverhalten unberechenbar war. Erst die Patentanmeldung unter dem Namen *Ping Pong* führte den **Tischtennisball** aus Zelluloid ein. Der englische Ingenieur James Gibb brachte ihn von einer Amerikareise mit.

3. Legendär ist Agassis Jorts-Look (**Jeans-Shorts**), den die Stilikone etablierte. Ursprünglich hatte Nike den Look dem Tennisspieler John McEnroe angeboten, doch der fand ihn lächerlich. Übrigens trug Agassi eigenen Angaben zufolge nie die Farbe Pink, sondern *Hot Lava*.

4. Ihre geschlechterübergreifenden Erfolge und den unermesslichen Respekt, den sich Steffi Graf in ihrer Sportlerinnen-Karriere hart erarbeitet hatte, brachte Fußballkommentator Jörg Dahlmann beim Abschied von Lothar Matthäus zum Ausdruck: »Da geht er, ein großer Spieler. Ein Mann wie **Steffi Graf**!«

5. Nicht belegbar, aber gefühlt wahr: Keine andere Berühmtheit hat es geschafft, so unbeschadet, sympathisch und **bodenständig** wie Steffi Graf zu bleiben. Oder um es mit Steffis Worten zu sagen: »Man kann sportliche Leistungen nicht mit der Wichtigkeit vergleichen, die eigenen Kinder großzuziehen und ihnen ein sicheres Umfeld zu bieten, in dem sie aufwachsen und das Leben genießen können.« 1998 gründete Stefanie Maria Graf die Stiftung *Children for Tomorrow*, deren Ziel es ist, Kindern, die Gewalt-Erfahrungen gemacht haben, zu helfen. Sie ist einfach die Beste!

6. Es ist wahre **Liebe**! Steffi: »André wird immer besser, je älter er wird.«

Klaus Kinski & Werner Herzog

1. Während der Dreharbeiten in **Peru** sollen die als Statisten angeheuerten Ureinwohner Herzog angeboten haben, Kinski zu ermorden. Sie waren von Kinskis Ausbrüchen zutiefst irritiert und beunruhigt. »Diese Tobsuchtsanfälle waren beängstigend und ein echtes Problem für die Indianer, die ihre Konflikte auf eine ganz andere Weise lösen«, so Herzog, der das Angebot ablehnte, im Film *Mein liebster Feind*. »Ich bedauerte damals natürlich sofort, dass ich die Indianer von ihrem Vorhaben abgehalten hatte.«

2. Kinski schoss während der Dreharbeiten zu *Aguirre, der Zorn Gottes* einem der Komparsen in der nächtlichen Drehpause versehentlich die Fingerkuppe ab, als er **wutenbrannt** auf die Holzhütte der Statisten feuerte, um für Ruhe zu sorgen. Weitere bleibende Schäden fügte er einem anderen Komparsen zu, dem er während des Drehs so fest auf den Kopf schlug, dass diesen lebenslang eine Narbe an Kinskis euphorisches Spiel erinnern wird.

3. **Kinski**s älteste Tochter, Pola Kinski, beschreibt 23 Jahre nach seinem Tod in ihrem Buch *Kindermund* den jahrelangen sexuellen Missbrauch, den sie als Kind durch ihren Vater erlitten hat. In einem Interview mit dem Magazin *Stern* sagte sie dazu: »Ich habe jetzt ein Buch darüber geschrieben, weil ich es nicht mehr ertragen konnte, dass man einen Menschen, dessen Heiligenschein von Jahr zu Jahr größer wird, derart glorifiziert.«

4. Nastassja Kinski (Klaus Kinskis Tochter aus zweiter Ehe) war 2017 für die RTL-Sendung *Ich bin ein Star – Holt mich hier raus!* eingeplant und entschied sich erst zwei Tage vor Drehbeginn gegen eine Teilnahme. Grund ihrer kurzfristigen Absage sei gewesen, dass sie nicht gewusst habe, um was für ein Format es sich beim *Dschungelcamp* handelt. Ihr freier Platz am Lagerfeuer der Ekelkeiten wurde mit der Reality-TV-Darstellerin Kader Loth neu besetzt.

5. **Werner Herzog** spielt in der ersten Staffel der neuen Star-Wars-Serie *The Mandalorian* mit und ist somit nun auch Sternenkrieger. Als Schurke begeistert er an der Seite von everybody's darling Baby Yoda.

6. In Herzogs Dokumentarfilm *Mein liebster Feind* (1999) beleuchtet er die ambivalente Zusammenarbeit als Regisseur mit Klaus Kinski an insgesamt fünf Filmen: *Aguirre, der Zorn Gottes* (1972), *Nosferatu* (1979), *Woyzeck* (1979), *Fitzcarraldo* (1982) und *Cobra Verde* (1987). Das hier gezeigte Outfit ist eine exakte Nachkratzung der Kleidung und Accessoires (inklusive **Walkie-Talkie**, Bandana und Sandalen), die Werner Herzog während eines berühmten Outtakes bei den *Fitzcarraldo*-Dreharbeiten trug. In dieser Szene sieht man den Streit zwischen dem Produzenten Walter Saxer und Klaus Kinski. Herzog war der einzige Regisseur, der mit Klaus Kinski für mehr als einen Film zusammenarbeiten wollte.

Aschenputtel & Dornröschen

1. Das Märchen *Dornröschen* lässt sich auf die mündliche Überlieferung der Erzählung von Charles Perraults *La belle au bois dormant* (**Die schlafende Schöne im Wald**) zurückführen.

2. Ob Dornröschen sich an ihrem 15. oder 16. Geburtstag an der Spindel stach, ist nicht geklärt. Einig ist man sich bei allen Überlieferungen des Märchens jedoch, dass die Prinzessin mindestens 99 Jahre älter als ihr Prinz war. Zum Glück leben Frauen länger als Männer.

3. »Ein König und eine Königin kriegten gar keine Kinder, und hätten so gern eins gehabt. Einmal saß die Königin im Bade, da kroch ein Krebs aus dem Wasser ans Land und sprach: *Dein Wunsch wird bald erfüllt werden und du wirst eine Tochter zur Welt bringen.* Das traf auch ein, und der König war so erfreut über die Geburt der Prinzessin, daß er ein großes Fest anstellen ließ, ...« heißt es im Märchen *Dornröschen*, welches an 50. Stelle in der Sammlung *Kinder- und Hausmärchen* der Brüder Grimm steht. In der zweiten Auflage wandelte sich der Krebs zum Frosch; in der hier gekratzten Version ist es plötzlich eine **Krabbe** – Hauptsache jedoch ein Tier, welches aus dem Wasser steigen kann. Alternativ wäre natürlich das Orakel mit Tentakel erste Wahl: der weissagende Oktopus.

4. Inzwischen international als *Dornröschenschloss* bekannt, blitzt hier die **Sababurg** (nördlich von Kassel gelegen) zwischen den Bäumen hervor. Durch starke Beschädigungen, die die Burg während der Besetzung im Dreißigjährigen Krieg ereilte, verfiel das Schlossgelände in einen restaurierungsbedürftigen Tiefschlaf. Eine meterhohe Dornenhecke, die an den Burgmauern emporwuchs, verstärkt zudem den Eindruck, dass es sich bei dieser Burg um die Vorlage des Märchenschlosses handeln könnte.

5. »...da riefen die **Tauben**:
   ›Rucke di guck, rucke di guck!
   Kein Blut im Schuck:
   Der Schuck ist nicht zu klein,
   Die rechte Braut, die führt er heim!‹«

6. Nicht nur diese messerscharfe Evaluation der Tauben im Märchen *Aschenputtel* (an 21. Stelle in der Sammlung *Kinder- und Hausmärchen* der Brüder Grimm) macht sie zum Best Supporting Act. Sie lesen auch Linsen, Erbsen, Wicken und Gedanken. In einer der vielen Versionen des Märchens picken sie racheengelartig den bösen Stiefschwestern die Augen aus.

7. »**Bäumlein** rüttel und schüttel dich, wirf schöne Kleider herab für mich!«

8. Statt drei Haselnüsse für Aschenbrödel sieht man hier drei **Kohlköpfe**. *Drei Haselnüsse für Aschenbrödel* (ČSSR/DDR 1973) ist einer der beliebtesten Weihnachtsfilme im öffentlich-rechtlichen Fernsehen. Die Besetzung des Aschenbrödels ist märchenhaft bezaubernd: Regisseur Václav Vorlícek soll Libuše Šafránková aus über 2000 Frauen ausgesucht haben. Die damals erst 19-Jährige spielte ihre erste Hauptrolle, da sie direkt von der Schauspielschule kam.

Günter Netzer & Franz Beckenbauer

1. Wäre diese Anmerkung musikalisch untermalt, würde Beckenbauers **Stimme** nun im Hintergrund zart *Gute Freunde kann niemand trennen* hauchen. Dieser Hit glänzt auf der B-Seite der Single *Du Allein* (1966). Es wird gemunkelt, dass diese Ode an die Freundschaft eigentlich für den Erfolg der Single ausschlaggebend war. Sie erreichte in den deutschen Charts Platz 31. Ein Jahr später erschien mit *Du bist das Glück* eine weitere Single Beckenbauers bei Polydor.

2. **Franz Beckenbauer** war bewiesenermaßen ein spektakulär guter Fußballspieler:
Europameister 1972
Weltmeister 1974
Vize-Weltmeister 1966
Vize-Europameister 1976
5 Mal Deutscher Meister
4 Mal DFB-Pokal-Sieger
3 Mal Europapokalsieger der Landesmeister
1 Mal Europapokalsieger der Pokalsieger

3. In Günter **Netzers** legendärer Discothek *Lovers' Lane* lehnte sich nicht nur Franz Beckenbauer cool an die Theke. Auch Berti Vogts, Udo Jürgens, Ingrid Steeger, Weltmeistertrainer Sepp Herberger und andere Stars und Sternchen zog es in den frühen 70ern in die Waldhausener Straße 55 in Mönchengladbach. Zu seinem 75. Geburtstag baute man die Disco im Museum von Borussia Mönchengladbach im Zuge der Ausstellung *Aus der Tiefe des Raumes* nach und lud zur Eröffnung 250 Gäste ein. Der gefeierte Netzer äußerte sich dazu gerührt: »Ich bin überwältigt und beschämt. Ich gehe als glücklicher Mensch nach Hause.«

4. Günters wallendes blondes **Haar** war und ist sein Markenzeichen. »Günters Kleidung, Günters Haare – er war der Mode immer einen Schritt voraus«, sagte Franz Beckenbauer einmal.

5. Dass nicht nur seine Haare gut lagen, sondern er auch mit seinem **Bauchgefühl** oft richtig lag, bewies Netzer am 23. Juni 1973, als er sich selbst wieder ins Spiel einwechselte. Dem Trainer Hennes Weisweiler, der ihn eigentlich auf die Bank verbannt hatte, rief er noch den berühmten Satz »Ich spiel dann jetzt« zu, bevor er nur wenige Minuten später mit einem Tor Borussia Mönchengladbach zum 2:1-Sieg im DFB-Pokal-Finale gegen Köln verhalf.

6. Auf unzähligen Fotos sieht man Günter in jungen Jahren mit **charmantem Lächeln** an schnellen Autos lehnend. Eines dieser Fotos zeigt ihn als Besitzer eines Jaguar E. Beckenbauer, vermutlich

um eine ähnlich coole Aura bemüht, bat Netzer, ihm das Auto zu verkaufen. Auch auf Günters Hinweis hin, dass Beckenbauer eher ein Mercedes- oder BMW-Typ sei, ließ Franz sich nicht von seiner Idee abbringen. Kurz nach Kauf und Übergabe des Jaguars soll Beckenbauer ihn folgendermaßen beschimpft haben: »Du bist ein Betrüger! Du hast mir ein Auto angedreht, das ist nicht fahrbar. Da regnet's rein und die Bremsen funktionieren auch nicht!« Netzer sagte sehr viel später dazu: »Dabei waren die englischen Autos einfach nicht so leicht zu händeln damals.« Nächster Besitzer wurde dann laut Fahrzeugpapieren Wolfgang Overath, der die Schönheit lila lackieren ließ.

7. Am 18. Juni 1972 gewann die Nationalmannschaft in Brüssel mit **Netz**er und Beckenbauer das Finale der Europameisterschaft gegen die Sowjetunion. Die legendäre Elf gilt bis heute als die spielstärkste deutsche Mannschaft aller Zeiten.

Anna Magdalena Bach & Johann Sebastian

1. Bach war der Vater von insgesamt 20 Kindern aus zwei Ehen. Maria Barbara, seine erste Frau, gebar sieben Kinder, von denen drei starben, bevor auch die Mutter mit nur 35 Jahren verstarb. Seine zweite Frau, Anna Magdalena, war Mutter seiner folgenden 13 Kinder. Nur sechs Kinder aus dieser Ehe erreichten das Erwachsenenalter. Bis auf einen seiner Söhne eiferten die männlichen Bach-Sprösslinge ihrem Vater nach und wurden Berufsmusiker. Wie viel Spielzeug die Bachs abends wohl aufräumen mussten.

2. Als Fugenfreund machte Bach reichlich Gebrauch von kontrapunktischen Techniken. Eine von ihnen nennt sich *Krebs* – dabei wird das Thema von hinten nach vorne gespielt (bzw. seitwärts im Krebs-Gang-Style), beim **Spiegel**n werden die Intervalle umgedreht. (Vielen Dank an dieser Stelle an den Komponisten Prof. Dr. Gordon Kampe, der mich an seinem Expertenwissen hat teilhaben lassen.)

3. Bach reagierte, trotz seiner vielen bewundernswerten Eigenschaften, hitzköpfig bei Inkompetenzen seiner Mitmusiker. Als sich der Organist der Thomaskirche während der Proben einmal verspielte, soll Bach sich wütend seine **Perücke** vom Kopf gerissen und sie nach dem Organisten geworfen haben. »Du hättest Schuster werden sollen!«, soll er dabei gerufen haben.
Einige seiner Schüler, darunter auch einer seiner Söhne, sollen Bach insgeheim die »alte Perücke« genannt haben. Ob sie damit seine Wutausbrüche mit Perücken-Geschossen oder seinen angestaubten Musikstil kommentierten, ist nicht bekannt.

4. Zu sehen ist hier ein Ausschnitt aus dem **Kupferstich** *Damon und Musidora* des Malers Johann Sebastian Bach (1748-1778). Er war ein Enkel des Komponisten und Sohn des Thomaskantors Carl Philipp Emanuel Bach, dem berühmtesten der Bachsöhne. Zu Lebzeiten war Johann Sebastian ein geschätzter Künstler, den zum Beispiel der Dichter Lessing protegierte.

5. Als Kammersängerin lernte **Anna Magdalena Wilcke** ihre große Liebe Johann Sebastian am Hof von Fürst Leopold von Anhalt-Köthen kennen. 1721 heirateten sie und zogen einige Jahre später nach Leipzig. Als verheiratete Frau war es ihr dort nicht mehr möglich, aufzutreten, und so

musste sie sich mit der Hausmusik im trauten Heim begnügen. Johann Sebastian war ein großer Bewunderer ihrer Fähigkeiten. In einem Brief an einen ehemaligen Schulkameraden schwärmt Bach: »zumaln da meine itzige Frau gar einen sauberen Soprano singet«.

Der Yeti & Reinhold Messner

1. Die Frage, wie viele **Zehen** genau Reinhold Messner aktuell durchs Leben tragen, konnte nicht beantwortet werden. Auf dem Cover des Magazins der Süddeutschen Zeitung von 2024 mit dem Titel *Gut gelaufen* sind sieben bis acht Zehen(-stummel) zu zählen. Beim Abstieg seiner ersten Himalaja-Expedition 1970 erlitt der damals 26-jährige Messner starke Erfrierungen, woraufhin einige Zehen und drei Fingerkuppen teilweise amputiert werden mussten.

2. Der **Himalaja** ist eines der jüngsten Gebirge der Welt. Der Emporkömmling entstand durch das Aufeinandertreffen der Indo-Australischen auf die Eurasische Erdplatte vor 40 bis 50 Millionen Jahren. Das Gebirge selbst ist zwischen sechs und 25 Millionen Jahren alt.

3. Life-Hack: Beim nächsten Schlange-Stehen vor dem Lieblingsbäckereigeschäft sollte man sich die Aufstiegsschlange am Mount **Everest** vorstellen. Der Eventtourismus beschert dem M. E. demnächst den 10.000. Gipfelstürmer und damit auch einen Berg an Problemen. An den Engpässen bilden sich lange Warteschlangen von im Durchschnitt 40-jährigen Bergbesteigern und wesentlich jüngeren Sherpas.

4. Das Wort **Yeti** lässt sich etymologisch aus der Sprache des Himalaja-Volkes, den Sherpas, ableiten: »Ye« bezeichnet den Fels und »The« das Tier. Während im Yeti-Film-Genre der Schneemensch mit weißem Fell dargestellt wird, beschreiben Augenzeugen das Fell als rotbräunlich. Einig ist man sich jedoch bei der übermenschlichen Körpergröße und Masse des Fabelwesens (bis zu drei Meter groß und über 200 Kilogramm schwer).

Moritz & Max

1. Alle **Hühnchen**-Teile zusammengerechnet, erhält man genau sieben ganze Brathühner, stellvertretend für die sieben Streiche, die Moritz & Max ihrem Umfeld gespielt haben.

2. Was wäre nur aus den beiden »Lausbuben« geworden, wenn sie nicht der Gewalt einer erbarmungslosen Gesellschaft zum Opfer gefallen wären? Vielleicht hätten sie sich, wie hier, zu zwei nicht-systemkonformen Altpunks entwickelt. Die Darstellung von **Moritz** ist inspiriert von Johnny Rotten, bekannt als Sänger der legendären Punkband Sex Pistols. **Max'** Äußeres hingegen spielt auf die US-amerikanische Band Ramones an.

3. Nachgekratzt wurde hier der **Fachwerkhaus**-Eingang der Wilhelm-Busch-Mühle oder auch Max-und-Moritz-Mühle in Ebergötzen bei Göttingen, die ehemals Bachmann'sche Mühle oder auch Herrenmühle hieß. Tritt man ein, kann man in der früheren Wassermühle unter anderem eine Sammlung an Max-und-Moritz-Übersetzungen bestaunen. Und das sind nicht wenige, denn die Geschichte der beiden ist in über 300 Sprachen und Dialekte übertragen worden.

4. Ritzeratze! Voller Tücke / In die Brücke eine Lücke.
   Schnupdiwup, da wird nach oben / Schon ein Huhn heraufgehoben!
   Rawau, rawau!
   Doch die **Käfer**, kritze, kratze! / Kommen schnell aus der Matratze.

5. Die Streiche von Moritz & Max beruhen auf Erlebnissen, die der damals neunjährige Wilhelm Busch mit seinem Freund Erich Bachmann in Ebergötzen gehabt haben soll. Hinter der Bachmann'schen Mühle (dem Zuhause Erichs) war ein kleiner Steg, nicht unähnlich dem, von dem der Schneider Böck in der Geschichte ins Wasser gefallen ist.

6. Ein **Busch** (nicht Wilhelm)

7. Während seiner großen Sinnkrise – und noch vor der Veröffentlichung von Max & Moritz – überlegte Wilhelm Busch, seine künstlerische Berufung aufzugeben und als Imker nach Brasilien auszuwandern, dem damaligen Eldorado des goldgelben Honigs.

Schiller & Goethe

1. **Schiller** und Goethe waren keine *Freunde auf den ersten Blick*. Schiller war von dem zehn Jahre älteren Goethe ambivalent beeindruckt. So gestand er seinem Förderer Christian Gottfried Körner in einem seiner Briefe: »Eine ganz sonderbare Mischung von Haß und Liebe ist es, die er in mir erweckt hat, eine Empfindung, die derjenigen nicht ganz unähnlich ist, die Brutus und Cassius gegen Cäsar gehabt haben müssen; ich könnte seinen Geist umbringen und ihn wieder von Herzen lieben.«

2. Friedrich Schiller war vermutlich ein Ethylen-Schnüffler: In seiner Schreibtischschublade sammelte er alte Äpfel, um sich an ihren Ausströmungen zu berauschen. Sein Freund Goethe konnte diese **Apfellust** nicht teilen: »Eines Tages setzte ich mich an seinen Arbeitstisch, um mir dieses und jenes zu notieren. Ich hatte aber nicht lange gesessen, als ich von einem heimlichen Übelbefinden mich überschlichen fühlte, welches sich nach und nach steigerte, so dass ich endlich einer Ohnmacht nahe war. Ich wußte anfänglich nicht, welcher Ursache ich diesen elenden mir ganz ungewöhnlichen Zustand zuschreiben sollte, bis ich endlich bemerkte, daß aus einer Schieblade neben mir ein sehr fataler Geruch strömte. Als ich sie öffnete, fand ich zu meinem Erstaunen, dass sie voll fauler Äpfel war.« (Goethe am 1. Oktober 1827 zu Eckermann)

3. In Schillers Drama *Wilhelm Tell* kommt es im 3. Aufzug, 3. Szene zu dem legendären **Apfelschuss**.

4. In seiner Funktion als Direktor des Weimarer Theaters manifestierte Goethe 1812 seine Aversion gegen Hunde in den von ihm verfassten *Erneuerten Anordnungen für das Weimarer Theater*. Im Paragrafen 14 heißt es: »Kein Hund darf mit aufs Theater gebracht werden.« Der Großherzog Carl August von Sachsen-Weimar-Eisenach befahl 1817 jedoch die Aufführung des Stückes *Der Hund des Aubry, oder der Wald von Bondy*. Während der **Pudel** Nero also erfolgreich über die Bühne stolzierte, veranlasste die Nichteinhaltung des Passus Goethe dazu, das Direktorenamt niederzulegen.

5. **Goethe** wurde vier Tage nach seinem Tod in der Weimarer Fürstengruft an Schillers Seite beigesetzt. Es war Goethes Wunsch gewesen, auch die Ewigkeit mit seinem Wegbegleiter zu teilen. Ein Gentest, der 2008 an den vermeintlichen Gebeinen Schillers durchgeführt wurde, ergab jedoch, dass die Knochen einer unbekannten Person zuzuschreiben sind. Die Überreste des *falschen* Schiller wurden in ein anonymes Grab überführt. Der Platz neben Goethe blieb bis heute leer.

Grimes & Elon Musk

1. Die Namensgebung des gemeinsamen Sohnes von Grimes und Elon führte zu öffentlichen Diskussionen. Grimes twitterte zur Bedeutung und Zusammensetzung des Namens **X Æ A-XII**: »X for the unknown variable, Æ for Ai (love and/or Artificial intelligence) and A-12 for the precursor to SR-17 (our favorite aircraft). No weapons, no defenses, just speed. Great in battle, but non-violent.)« Aber vor allem die Aussprache lässt die Erdbevölkerung rätseln. Vielleicht ruft man das am 4. Mai 2020 (»May the force …!«) geborene Kind: *Äxeitwelfv.*

2. Elon Musk und Grimes (Claire Elise Boucher) lernten sich über **Twitter** kennen. Der Tesla-Chef musste feststellen, dass ein Wortspiel-Witz, den er twittern wollte, bereits drei Jahre zuvor von der Musikerin gemacht wurde.

3. Bereits als 12-Jähriger verkaufte Elon Musk 1984 sein erstes Computerspiel *Blastar* für 500 Dollar an das Computermagazin *PC and Office Technology.*

4. Die Kanadierin Grimes besuchte eine **katholische** Schule. Der Religion wie auch der Schule stand sie jedoch ablehnend gegenüber und vollzog in ihrer Jugend Hexenrituale. Als jedoch, so die Legende, eines Tages ein Rosenkranz während ihrer Beschwörungen in ihren Händen zu Staub zerfiel, wandte sie sich auch von der Hexerei ab.

5. Grimes arbeitet nicht nur als Musikerin, sondern wird auch für ihre ästhetische Arbeit geschätzt. Sie illustrierte und gestaltete bisher jedes Cover ihrer Alben und EPs. 2013 wurde sie zudem auch als Designerin für eine **Saint Laurent** T-Shirt Edition engagiert

Helene Weigel & Bertolt Brecht

1. Den »stummen **Schrei**« könnte man als Helene Weigels *Signature Move* bezeichnen. Die Schauspielerin entwickelte ihn für ihre legendäre Rolle als Mutter Courage. Mit weit aufgerissenen Augen und Mund verharrte sie lautlos. Inspiriert war der stille Schrei von einem Foto, das eine Frau in Singapur zeigt, die vor ihrem durch eine Bombe getöteten Sohn kauert und schreit. Das Prinzip des stummen und starren Fotos übertrugen Weigel und Brecht auf die Bühne. Dort wirkte es dann umso verstörender. Brecht und Weigel haben sich zudem auch von Gesten und Körperhaltungen in Hollywood-(Stumm-)Filmszenen inspirieren lassen und sie in ihren Stücken eingesetzt.

2. Helene und Bertolt sitzen hier im originalen Set der Serie *Married … with Children (Eine schrecklich nette Familie).* In jeder Folge konnte man Al Bundy dabei beobachten, wie er sich nach seinem

Arbeitstag als Schuhverkäufer auf das ihn scheinbar verschlingende **Sofa** fallen ließ, eine einsatzbereite Fernbedienung in der Hand. Das Wohnzimmer der Bundys steht stellvertretend für sämtliche TV-Serien, in denen sich das Familienleben kammerspielartig auf der Couch entfaltet.

3. **Sturm der Liebe** gilt als erfolgreichste werktägliche Soap Europas. Die seit 2005 von der ARD produzierte Telenovela wird inzwischen in über 20 Ländern ausgestrahlt (unter anderem in Italien, Tschechien, Belgien, Finnland, Estland, Österreich, Kanada, Island und Frankreich).

4. Der 1898 in Augsburg geborene und getaufte Eugen Berthold Friedrich Brecht bevorzugte die Schreibweise **Bertolt Brecht** oder auch Bert Brecht. Unbestätigt bleibt das Gerücht, dass er die Vorlage für die Figur des Bert in der Sesamstraße gewesen sein soll.

5. Das chinesische Rollbild, das den Philosophen **Konfuzius** zeigt, hat Brecht bis zu seinem Tod begleitet. Selbst im amerikanischen Exil war es über seinem Schreibtisch zu sehen. Brecht verband mit Konfuzius vor allem den Begriff der *Freundlichkeit* als grundsätzliche Haltung und wollte sich mit dem Porträt täglich daran erinnern.

Felice Bauer & Franz Kafka

1. Franz Kafka würde die heutigen bekäferten Buchumschläge seiner *Verwandlung* hassen. 1916 briefte er in einem Schreiben den Verleger Kurt Wolff folgendermaßen: »Das Insekt selbst kann nicht gezeichnet werden.« In welche Art »schrecklichen Ungeziefers« sich Samsa verwandelte, wollte Kafka offenlassen. Ihm ging es vor allem um die abstoßende Wirkung der Verwandlung Samsas und er wollte vermeiden, dass eine genaue Bebilderung den Schrecken mildern könnte.

2. Der US-amerikanische Sänger und Songwriter Adam Green ist ein Urenkel von Felice Bauer.

3. Felice und Franz heirateten nie. Die erste Verlobung wurde im Askanischen Hof gelöst. Kafka hatte sich Wochen zuvor während der Verlobungsfeier überaus teilnahmslos gezeigt. Wutentbrannt konfrontierte Felice ihn im Berliner Hotel mit einem Brief, den er an ihre Freundin Grete Bloch geschrieben hatte, in dem er seinen ehelichen Bindungsängsten freien Lauf ließ.

4. Ihre briefreiche Korrespondenz mit Franz verkaufte Felice 1956 an den Verleger Salman Schocken. Aufgrund von gesundheitlichen und daraus folgenden finanziellen Nöten war es ihr nicht möglich, das Angebot von 8000 Dollar auszuschlagen. In der Nacht vor der Übergabe las sie die Briefe ein letztes Mal. 21 Jahre später wurden die Briefe für 605.000 US-Dollar an einen anonymen Käufer versteigert.

5. 10,2 % der Frauen in Nevada sind geschieden. Damit belegte Nevada 2019 den dritten Platz im Ranking geschiedener Frauen in den USA. Die schnelle und günstige Möglichkeit, in Las Vegas zu heiraten und auch sich scheiden zu lassen, mag ein Grund für die hohe Scheidungsrate sein. Aber auch die Zusammensetzung der Bevölkerung in Las Vegas könnte einen Einfluss haben. Die Berufsgruppen Tänzer/Choreografen, Barkeeper, Masseure und Casino-Kassierer belegen vier der fünf höchstplazierten scheidungswilligen Berufe.

Liesl Karlstadt & Karl Valentin

1. Bevor Liesl Karlstadt mit Karl Valentin ein Komikerduo wurde, arbeitete sie als Verkäuferin in Hermann Tietz' Kaufhaus (später bekannt als **Hertie**).

2. Karl Valentins (das V wird wie ein F gesprochen) Markenzeichen war natürlich sein **Hut**.

3. Im Sketch *Im Schallplattenladen* (1934) setzt sich Kunde Valentin auf eine **Schallplatte**, nachdem er bereits einige Platten zerbrochen hat. Daraufhin ruft Liesl als Verkäuferin: »Um Gottes willen, jetzt haben Sie mir schon wieder eine Platte zerschlagen!« Valentin »Was heißt ›zerschlagen‹! Zersetzt hab ich sie!«

4. Mit einer Möhre musste Liesl den Exzentriker Karl zwar nicht auf die Bühne locken, doch unterstützte sie Valentin bis zur Selbstaufgabe immer wieder emotional und auch finanziell. Zudem war sie maßgeblich für die Ideen und Inhalte der gemeinsamen Sketche verantwortlich.

5. Nach einem Selbstmordversuch zog es Liesl Karlstadt 1941 zur Erholung in die Berge. Dort lernte sie eine Gebirgsjägereinheit auf der Ehrwalder Alm kennen und begann dort, die als Tragtiere genutzten Maultiere zu betreuen. Um einen offiziellen Anstrich bemüht ernannte man sie zum *Hilfstragetierführer* und scherzhaft ***Gefreiter Gustl***.

6. »Na bringen's zwei Gläser **Wein**zwang!«

7. In dem Schauspiel *Die Raubritter von München* reißt Karlstadt (als Trommlerjunge) Valentin (als Wachtposten) aus einem eindrücklichen Traum heraus: Als **Ente** wäre er kurz davor gewesen, einen fetten Wurm zu schnabulieren, als er leider geweckt wurde. Die Traumschilderung führt zu einer philosophischen Auseinandersetzung zwischen Trommler und Wächter. Streitpunkt ist die Frage, für wen der Traum und die Wurmbeute schön gewesen sei: Mensch oder Ente?

8. Während der Traum, eine Ente im Wasser zu sein, eindeutig positiv gedeutet werden kann (denn die Ente befindet sich in ihrem Element und kommt voran im Leben), steht der Traum vom **Wurm** eher für die niederen, unterdrückten Triebe im Leben, die vom Bewusstsein verdrängt werden. Und dann auch noch so ein langer Wurm ... das ist kein gutes Omen!

Die Jacob Sisters & Die Beach Boys

1. Den großen Durchbruch verdankten die Jacob Sisters 1965 ihrem Smash-Hit, dem ***Gartenzwerg-Marsch***, einer Coverversion des Billy-Sanders-Songs *Adelheid, Adelheid* von 1962. Dennis Wilson war übrigens der einzige der fünf Beach Boys, der tatsächlich surfen konnte.

2. Am Ende des Liedes *Caroline, No* auf dem Beach Boys **Album** *Pet Sounds* können aufmerksame Zuhörerinnen und Zuhörer das Bellen zweier Hunde vernehmen: Brian Wilsons Lieblingshunde Banana (ein Beagle) und Louie (ein Weimaraner).

3. Das instrumentale Stück *Pet Sounds* auf dem gleichnamigen **Album** war von Brian Wilson eigentlich als James-Bond-Titellied gedacht. Sein ursprünglicher Titel war *Run James Run*. Für den 1965er-Bond wurde Tom Jones' *Thunderball* jedoch der Song der Wahl.

4. Die erste Girlgroup Deutschlands, auch bekannt unter *Die Schmannewitzer Heidelerchen* und die *Geschwister Jacob*, änderten ihren Namen in *Die Jacob Sisters*, nachdem sie auch international Erfolge feiern konnten. Die Sisters glänzten unter anderem an der Seite von Duke Ellington, Sammy Davis, Jr. und Jazz-**Trompeter** Louis *Satchmo* Armstrong.

5. Von dem ursprünglichen nordsächsischen Schmannewitzer Quartett leben heute nur noch Rosi und Eva. Hannelore starb bereits 2008 und Johanna folgte sieben Jahre später. Während der Beerdigung Hannelores sorgten die vier weißen **Pudel**, die seit 1960 zu dem Markenzeichen der vier Blondinen geworden sind, auf dem Waldfriedhof angeblich für Trubel. Ausgelassen haben die Hunde, trotz des Hundeverbots, neben dem Grab herumgetollt – unzertrennlich bis zum Ende.

I HOPE OUR LOVE AIN'T A DINOSAUR

Danksagungen

LINE HOVEN

Im ersten »Paargespräche«-Band hat Jochen sich bereits bei unserer/unserem Schöpfer*in für den *Geschlechtsdimorphismus des Homo sapiens* bedankt. Besser und lustiger kann man das nicht machen. Da Jochen sich zur Zeit undankbar fühlwt, nutze ich die Gelegenheit mich dieses Mal zu bedanken:

Bei der Redaktion des chrismon Magazins und insbesondere Dorothee Hörstgen für die 5-jährige, schöne, wertschätzende und vor allem lustige Zusammenarbeit. Bei Michael Güthlein für die monatliche Auseinandersetzung mit meinen Bild-Anmerkungen und meinem sperrigen Humor – ohne Euch würde es unsere »Paargespräche« gar nicht geben!

Bei meinem Atelier am Schulterblatt für das Nachstellen verschiedenster Paar-Situationen, in die ich unsere berühmten Zweisamkeiten einbauen konnte (unvergessen die Herzog & Kinski-Fotosession – von Romina & Al Bano ganz zu schweigen).

Bei meinem Sohn Matti für seine Geduld, seine lustigen Ideen und vor allem dafür, dass er mit mir (aus Recherchegründen) »Bauer sucht Frau« geschaut hat.

Bibliografie

Von Jochen Schmidt sind erschienen:

C.H. BECK
Triumphgemüse
Müller haut uns raus
Meine wichtigsten Körperfunktionen
Schneckenmühle
Der Wächter von Pankow
Zuckersand
Ein Auftrag für Otto Kwant
Ich weiß noch, wie King Kong starb. Ein
Florilegium
Phlox

VOLAND & QUIST
Schmidt liest Proust – Quadratur der Krise
Weltall. Erde. Mensch.

ROWOHLT
Drüben und drüben – Zwei deutsche Kindheiten
(gemeinsam mit David Wagner)

DTV PREMIUM
Seine großen Erfolge

PIPER
Gebrauchsanweisung für die Bretagne
Gebrauchsanweisung für Rumänien
Gebrauchsanweisung für Ostdeutschland
Gebrauchsanweisung fürs Laufen

EDEL BOOKS
Ballverliebt: Texte zum Fußball von Jochen
Schmidt zu historischen Amateueraufnahmen
aus der Sammlung Jochen Raiß

**Von Line Hoven und Jochen Schmidt
sind erschienen:**

C.H. BECK
Schmythologie
Paargespräche

JACOBY & STUART
Dudenbrooks

Von Line Hoven ist erschienen:

REPRODUKT
Liebe schaut weg

Von Line Hoven illustriert:

C.H. BECK
Jochen Schmidt: Zuckersand
Jochen Schmidt: Phlox

SCHÖFFLING
Peter Rühmkorf: Auf Wiedersehen in Kenilworth.
Ein Katzen-Märchen in dreizehn Kapiteln
Burkhard Spinnen: Das Buch

BÜCHERGILDE GUTENBERG
Karen Duve: Regenroman

BARSUK RECORDS
Peter Caws: The Book of Hulas